Erik Kan

Die Unterwanderung des Wirtschaftsliberalismus

Erik Kan

Die Unterwanderung des Wirtschaftsliberalismus

Adam Smith, David Ricardo und John Stuart Mill und ihre Instrumentalisierung durch den Manchester- und Neoliberalismus

Tectum Verlag

Erik Kan

Die Unterwanderung des Wirtschaftsliberalismus
Adam Smith, David Ricardo und John Stuart Mill und ihre Instrumentalisierung durch den Manchester- und Neoliberalismus

ISBN: 978-3-8288-2676-2

Umschlagabbildung: Adam Smith, David Ricardo und John Stuart Mill

Besuchen Sie uns im Internet
www.tectum-verlag.de

Bibliografische Informationen der Deutschen Nationalbibliothek
Die Deutsche Nationalbibliothek verzeichnet diese Publikation in der Deutschen Nationalbibliografie; detaillierte bibliografische Angaben sind im Internet über http://dnb.ddb.de abrufbar.

An dieser Stelle möchte ich mich vor allem bei Rolf Hochhuth und Prof. Dr. Wolfgang Zank für Ihre wertvollen und inspirierenden Denkanstöße bedanken und bei Dr. Jürgen Schramm, durch dessen Vorlesung „Markt und Staat" ich zu der Wahl dieses Themas ermutigt wurde.

Ein ganz besonderer Dank gilt dem Betreuer meiner Diplomarbeit Prof. Dr. Klaus Peter Kisker. Seine liberale Haltung gewährte mir die für diese Thematik nötigen Freiheiten und war somit auch die Voraussetzung für das Gelingen dieser Arbeit.

Einleitung **11**

1. Definitionen und Varianten von Liberalismus **15**

1.1. Definitionen von Liberalismus 15

1.2. Definitionen von Wirtschaftsliberalismus 16

1.3. Abgrenzungsprobleme des Liberalismus 19

1.4. Ideensystemische Einordnung von Liberalismus 22

1.5. Unterschiedliche Varianten von Liberalismus 25

1.5.1. Französischer Liberalismus 25

1.5.2. Klassischer (angelsächsischer) Liberalismus 26

1.5.3. Laissez-faire-Liberalismus (Manchester-Liberalismus) 27

1.5.4. Neoliberalismus und Ordoliberalismus 27

1.6. Historische Bedeutung des Wirtschaftsliberalismus 29

1.7. Wegbereiter des Wirtschaftsliberalismus 30

2. Adam Smith - Der optimistische Liberalist **33**

2.1. Adam Smith - Begründer des Klassischen Liberalismus 33

2.2. Die Grundsteinlegung für die „Klassische Politische Ökonomie" 34

2.3. Adam Smith und das „Liberale Paradigma" 36

2.3.1. Arbeitswertlehre und Preisbildung 36

2.3.2. Arbeitsteilung und (Kapital-)Akkumulation 38

2.3.3. „invisible hand“ und die Staatsfunktionen 39

2.3.4. Die Theorie des Arbeitsmarktes 40

2.4. Geistige Einflüsse auf Adam Smith und sein Werk 42

2.5. Diskurs zur ökonomischen Einordnung von Adam Smith 44

2.5.1. Das „Adam-Smith-Problem“ 44

2.5.2. ***„Wealth of Nations“*** – Die Grundlage für eine Laissez-faire-Ökonomie? 48

3. David Ricardo – Der pessimistische Liberalist 55

3.1. David Ricardo – Leben und Werk 55

3.2. Ökonomisches Modell von Ricardo 58

3.2.1. Quantitative Geldtheorie 58

3.2.2. Die Werttheorie nach Ricardo 60

3.2.3. Theorie der Boden- bzw. Grundrente 64

3.2.4. Entwicklungsgesetz der Einkommensverteilung 65

3.2.5. Die Theorie der komparativen Kostenvorteile 66

3.3. Kritik am „Theorem der komparativen Kostenvorteile“ 69

4. Historische Einordnung des Klassischen Liberalismus 71

4.1. Klassischer Liberalismus und Laissez-faire-Liberalismus 71

4.2. Laissez-faire-Liberalismus und seine Auswirkungen 73

4.3. Einordnung von Adam Smith und David Ricardo 78

4.4. Fazit 81

5. John Stuart Mill- Der skeptische Liberalist 83

5.1. Biographischer Hintergrund 83

5.2. Utilitarismus 85

5.3. Ökonomisches Modell von Mill 86

5.3.1. Produktionstheorie 86

5.3.2. Verteilungstheorie 87

5.3.3. Werttheorie 89

5.3.4. Sozialutopie 90

5.4. John Stuart Mill: Liberalist und Sozialist? 91

5.5. Abschließende Betrachtung zu Mill 97

6. Politische Realisierung des klassischen Liberalismus in Deutschland **99**

6.1. Der erste Versuch - 1971 99

6.2. Ein zweiter Versuch als Alternative zur Agenda 2010? 100

7. Fazit **105**

Literaturverzeichnis **109**

Personenverzeichnis **119**

Sachverzeichnis **123**

Einleitung

Der Begriff „Liberalismus" bzw. das Attribut „liberal" wird auf die unterschiedlichsten Lebensbereiche wie Politik, Wirtschaft oder auf die Gesellschaft insgesamt bezogen und von vielen Gruppen für sich vereinnahmt. Doch wofür Liberalismus tatsächlich steht und welche Lehre sich dahinter verbirgt, darüber sind sich auch diejenigen, die sich selbst als liberal bezeichnen, meist nicht wirklich im Klaren.

Gegenstand der vorliegenden Arbeit ist zum einen eine Annäherung und Auseinandersetzung mit dem Liberalismusbegriff mit dem eindeutigen Schwerpunkt auf dem ökonomischen Liberalismus. Zum anderen soll untersucht werden, ob die ursprünglichen Vorstellungen des originären Wirtschaftsliberalismus der Klassischen Politischen Ökonomie tatsächlich einen Laissez-faire-Liberalismus bzw. die derzeitige neoliberal geprägte Wirtschaftspolitik der meisten Industrienationen theoretisch rechtfertigen. Diese beiden sich auf den Klassischen Wirtschaftsliberalismus berufenden Liberalismus-Formen stehen für eine Entstaatlichung und haben den Vorrang wirtschaftlicher Interessen gegenüber sozialen bzw. gesellschaftlichen Interessen gemein.

Die typische gegenwärtige Wirtschaftskonstellation kann als Marktwirtschaft mit stark zunehmender neoliberaler Gewichtung charakterisiert werden. Diese neoliberale Ausrichtung ist hauptsächlich gekennzeichnet durch die drei wesentlichen Prinzipien Liberalisierung, Deregulierung und Privatisierung. Dieser Dreiklang bildet seit den 1970er Jahren das Herzstück neoliberaler Wirtschafts- und Finanzpolitik.[1] Der Standpunkt der Wirtschaft und wirtschaftsliberalen Ökonomen hierzu ist heute wie auch schon im Laissez-faire-Zeitalter, dass jeder Eingriff des Staates, angefangen mit Marktregulierung, über Steuern bis hin zu Sozialleistungen, als ein schädlicher Angriff auf die modernen Errungenschaften der freiheitlichen, das heißt liberalen Gesellschaft und Marktwirtschaft anzusehen sei. Um diese Argumentation zu untermauern, werden häufig die theoretischen Schriften bzw. Utopien der drei Hauptvertreter der Klassik, d.h. Adam Smith, David Ricardo und John Stuart Mill bemüht.

Da die Prinzipien und Auswirkungen des Neoliberalismus vergleichbar mit denen des Laissez-faire-Liberalismus sind, soll der Laissez-

1 Ptak (2005), S. 106f.

faire-Liberalismus im weiteren Verlauf der Arbeit auch stellvertretend für den Neoliberalismus stehen.

Eine Zielsetzung der Arbeit wird es auch sein, anhand der drei Klassischen Ökonomen durch eine Betrachtung ihrer wirtschaftspolitischen Theorien bzw. Utopien zu zeigen, dass sich die Manchester- bzw. Neoliberalen in vielen Punkten zu Unrecht auf die Klassischen Ökonomen berufen. Anhand einer Vielzahl von Quellen und Zitaten soll in dieser Arbeit schlüssig dokumentiert werden, dass eine weitaus sozialere Absicht ihren Vorstellungen zugrunde lag, als es die Marktfundamentalisten suggerieren.

Um ein möglichst objektives Gesamtbild zu erhalten, werden die Quellen jedoch nicht isoliert vom Leben der Urheber betrachtet, sondern in einen Zusammenhang mit ihren jeweiligen historischen und biographischen Hintergründen gestellt. Damit soll erreicht werden, dass die Arbeit noch exakter die wahre Intention der Ökonomen erfasst.

Aufgrund der inflationären und zum Teil widersprüchlichen Inanspruchnahme des Liberalismus-Begriffs wird im ersten Teil dieser Arbeit der Liberalismus-Begriff definiert, abgegrenzt und seine unterschiedlichen Varianten sowie die historische Entwicklung vorgestellt.

Im zweiten Teil werden nach einer kurzen Einführung in die Klassik die ökonomischen Theorien von Adam Smith präsentiert. Dabei werden auch die ökonomischen Diskussionen um Adam Smith im Rahmen des sog. „Adam-Smith-Problems" dargestellt.

Im dritten Teil wird David Ricardo und seine ökonomische Theorie vorgestellt. Am Ende dieses Teils wird sein bis heute anerkanntes Freihandels-Modell noch einer kritischen Betrachtung unterzogen.

Der vierte Teil wird den Klassischen Liberalismus von Adam Smith und David Ricardo dem Laissez-faire-Liberalismus gegenüberstellen und hinterfragen, ob ihre Politische Ökonomie den Laissez-faire-Liberalismus auch theoretisch begründet, wie häufig behauptet wird.

Der fünfte Teil widmet sich John Stuart Mill und seinem ökonomischen Modell und seiner darin enthaltenen Sozialutopie. Im Anschluss wird die These diskutiert, dass der Liberalist Mill zugleich auch ein Sozialist gewesen sein soll, und kurz nach möglichen Gründen für seine Sozialismus-Annäherung gesucht werden.

Im sechsten Teil sollen wichtige Aspekte aus den Theorien bzw. Utopien der drei klassischen Ökonomen auf die gegenwärtige gesellschaftspolitische Konstellation in Deutschland übertragen werden, indem ihre Ideen mit Hilfe eines fiktiven Gedankenexperiments durchgespielt werden.

Zum Abschluss wird in einem Fazit der Klassische Wirtschaftsliberalismus noch einmal insgesamt diskutiert und bewertet hinsichtlich seiner Ziele und Auswirkungen.

1. Definitionen und Varianten von Liberalismus

1.1. Definitionen von Liberalismus

Der Wirtschaftsliberalismus stellt einen Teilbereich des Liberalismus dar, welcher ursprünglich eher eine philosophische und politische Ausrichtung hatte.[2] Um näher auf den Begriff des Wirtschaftsliberalismus eingehen zu können, ist es daher zunächst zweckmäßig, sich seinem Ursprung, insbesondere dem politisch-philosophischen Liberalismus zu widmen.

Eine eindeutige und prägnante Definition für Liberalismus zu liefern erweist sich beim Vergleich diverser Nachschlagewerke und Quellen als äußert schwieriges Unterfangen. Zu der noch heute gültigen Einschätzung hieß es schon vor Jahrzehnten: *„Eine »auch nur als Arbeitshypothese akzeptierte Definition« der historischen Erscheinungen, die sich mit dem Begriff Liberalismus verbinden, steht noch aus."*[3]

Da Liberalismus als Oberbegriff für viele gesellschaftliche Entwicklungen in den unterschiedlichsten Lebensbereichen und Wissenschaftsdisziplinen steht, sind im Vergleich zu den sehr kurz gehaltenen Definitionen die angefügten Erläuterungen in den jeweiligen Quellen dafür umso umfangreicher. Einige dieser Definitionen werden jetzt vorgestellt und im Anschluss daran wird versucht, sie zu einer einheitlichen Definition zu vereinen.

Der Begriff „Liberalismus" stammt vom lateinischen Wort „liber" (=frei) bzw. „liberalis" (=freiheitlich, die Freiheit betreffend) ab. Eine sehr knappe und zugleich allgemeine Definition für Liberalismus liefert der Ordnungsökonom Hans-Rudolf Peters: *„Liberalismus […] umfasst alle jene Ideen, gesellschaftlichen Leitbilder und politischen Bewegungen, welche die Ausgestaltung der zwischenmenschlichen Beziehungen vorrangig den freien Entscheidungen der Individuen überlassen."*[4]

Nicht minder unspezifisch sind die Einträge in Nachschlagewerken wie *Brockhaus* und *Gabler Wirtschaftslexikon.*

---

2 Vgl. *Gabler Wirtschaftslexikon* (2004), S. 1894.
3 Boelcke (1980), S.33; vgl. Gall (1976), S.9.
4 Peters (2002), S. 95.

So definiert der *Brockhaus* Liberalismus als *„neuzeitliche Bezeichnung für philosophische und politische Lehren, die das Individuum als Selbstzweck betrachten, dem Gemeinschaft und Staat zu dienen haben, und nicht mehr umgekehrt wie in der klassischen politischen Philosophie."* [5]

Im *Gabler Wirtschaftslexikon* ist eine vom *Brockhaus* punktuell abweichende, zugleich noch universellere Beschreibung des Liberalismus zu finden. Dort heißt es schlicht: *„Individuelle Freiheit und Selbstverantwortung betonende Gesellschaftskonzeption"*[6] mit dem ergänzenden Verweis, dass die Vertreter des Liberalismus die Freiheit der wirtschaftlichen Betätigung als Voraussetzung für die politische Freiheit betrachten.

Die soeben vorgestellten Begriffserklärungen für Liberalismus lassen sich auch zu der folgenden einheitlichen Definition zusammenführen:

Eine auf individueller Freiheit und Selbstverantwortung beruhende Gesellschaftskonzeption, welche die Ausgestaltung der zwischenmenschlichen Beziehungen vorrangig den freien Entscheidungen der Individuen überlässt und in der die Gemeinschaft und der Staat dem Individuum zu dienen haben und nicht umgekehrt.

Diese gerade synthetisierte Definition soll als Grundlage in dieser Arbeit dienen.

1.2. Definitionen von Wirtschaftsliberalismus

Der Wirtschaftsliberalismus deckt, wie im Abschnitt 1.1. schon erwähnt, innerhalb des Liberalismus lediglich einen speziellen Wirkungsbereich ab.

Peters grenzt den Wirtschaftsliberalismus innerhalb des Liberalismus wie folgt ein:

> *„Der Liberalismus erwartet im Wirtschaftsleben von der ungehemmten ökonomischen Betätigung und dem freien Spiel der (Eigen-)Kräfte bestmögliche individuelle und gesamtwirtschaftliche Ergebnisse sowie einen leistungsadäquaten Interessenausgleich auf den Märkten. Das allseitige Streben nach rationeller Befriedigung des Eigennutzes dient nach liberaler Auffassung letztlich auch dem*

5 *Brockhaus* (2006), Liberalismus, S. 715.
6 *Gabler Wirtschaftslexikon* (2004), S. 1894.

Wohl aller, weil jeder aus Eigeninteresse unwirtschaftliche Verhaltensweisen (wie z.B. kostenträchtige Rohstoff- und Materialverschwendung) zu vermeiden bestrebt ist.“ [7]

Sehr ähnlich spezifiziert der *Brockhaus* Liberalismus zu Wirtschaftsliberalismus. Doch bevor der *Brockhaus* auf den wirtschaftlichen Liberalismus näher eingeht, werden dem zunächst einige politische Voraussetzungen vorangestellt.

So benennt der *Brockhaus* den Verfassungs- und Rechtsstaat mit den daraus resultierenden Rechten, die für alle Individuen gleichermaßen verbindlich gelten, als Voraussetzung für den ökonomischen Liberalismus. Zu diesen Rechten zählen die Grund- und Menschenrechte auf Leben, Freiheit und Eigentum.[8]

In diesem Kontext heißt es im *Brockhaus* dazu weiter:

„Diese privaten wie auch politischen Rechte ergeben für den Liberalismus vor allem die Voraussetzung für eine freie wirtschaftliche Betätigung des Bürgers im Rahmen einer freien Marktwirtschaft. Diese beruht auf Privateigentum an den Produktionsmitteln, auf dem freien, staatlich nicht eingeschränkten Wettbewerb von Angebot und Nachfrage, freiem Verkehr von Gütern und Produktionsfaktoren. Heute hofft der Liberalismus, dass sich mit der technologischen Globalisierung auch Demokratie, Menschenrechte, somit Industrialisierungsprozesse weltweit durchsetzen.“[9]

Bemerkenswert an der *Brockhaus*-Definition ist, dass zwischen Globalisierung, Demokratie und Menschenrechte und Industrialisierung angeblich eine logisch aufeinander aufbauende Abfolge existiert. Denn die Postulierung der Kausalkette, dass Globalisierung der Ausgangspunkt für Demokratie und Menschenrechte sei und schließlich in eine Industrialisierung mündet, ist inzwischen durch die Volksrepublik China ziemlich evident widerlegt worden. Gerade China hat die Zwischenschritte von Demokratie und Menschenrechten übersprungen und hat beim Einsetzen der Globalisierung nach dem Zusammenbruch des Warschauer Paktes direkt den Schritt zu einer technologischen Industrialisierung vollzogen.

---

7 Peters (2002), S. 97.
8 Vgl. *Brockhaus* (2006), Liberalismus, S. 715.
9 *Brockhaus* (2006), Liberalismus, S. 715.

Die beiden soeben vorgestellten Beschreibungen des ökonomischen Liberalismus lassen sich zu nachfolgender Definition zusammenfügen:

In der Ideologie des Wirtschaftsliberalismus wird davon ausgegangen, dass eine ungehemmte ökonomische Betätigung der Bürger und damit verbunden das Streben nach Befriedigung des Eigennutzes im Rahmen einer freien Marktwirtschaft zu einer leistungsadäquaten Verteilungsgerechtigkeit[10] und optimalen individuellen sowie gesamtwirtschaftlichen Ergebnissen führt und somit dem Wohl aller dient. Die Marktwirtschaft beruht auf Privateigentum an den Produktionsmitteln, auf dem freien, staatlich nicht eingeschränkten Wettbewerb von Angebot und Nachfrage und auf dem freien Verkehr von Gütern und Produktionsfaktoren.

Problematisch ist an beiden Definitionen, dass keine überprüfbaren Resultate durch den Wirtschaftsliberalismus benannt werden, sondern stattdessen nur vage Erwartungen bzw. Hoffnungen. Die Definitionen verlassen sich auf Postulate, statt auf empirisch belegbare Fakten.

Das erklärte Ziel dieses Abschnitts ist es gewesen, eine klar abgrenzbare Definition für Wirtschaftsliberalismus zu finden. Dies wird aber erschwert bzw. verhindert, da die meisten Definitionen sofort auf die äußerst unscharfe Bezeichnung „Marktwirtschaft" als praktische Umsetzung verweisen.

Inzwischen wird auch die Bezeichnung Kapitalismus regelmäßig durch den salonfähigeren Ausdruck Marktwirtschaft substituiert.[11]

Es wird mit Hilfe der Fachliteratur und Nachschlagewerke der Eindruck erweckt, als seien Liberalismus und Marktwirtschaft (begrifflich) untrennbar miteinander verbunden. Mit der Problematik der Abgrenzung wird sich daher der nächste Abschnitt noch intensiver beschäftigen und aufzeigen, dass selbst viele Ökonomen keine Ambiti-

---

10 Der Begriff Leistungsgerechtigkeit wird an späterer Stelle vom *Brockhaus* auch unter dem Stichwort Liberalismus verwendet. Vgl. *Brockhaus* (2006), S. 716.

11 Der Ökonom John Kenneth Galbraith beanstandet in diesem Zusammenhang die zunehmende Ausbreitung des *„leidlich wissenschaftlichen"* Begriffs Marktwirtschaft. Da Märkte schon seit Jahrtausenden im menschlichen Dasein eine Rolle spielen, gäbe es keinen *„nichtssagenderen Ausdruck"* als Marktwirtschaft. Selbst in kommunistischen Diktaturen spielen und spielten auch Märkte immer eine bedeutende Rolle. Vgl. Galbraith (2007), S. 42f.

onen haben die Termini Liberalismus, Marktwirtschaft und Kapitalismus begrifflich sauber voneinander zu trennen.

1.3. Abgrenzungsprobleme des Liberalismus

Die Abgrenzungsproblematik des Liberalismus macht es vielen erst so leicht, sich die Etikette „liberal" anzueignen. Dies wird auch durch die folgende Aussage im Handwörterbuch der Wirtschaftswissenschaft untermauert: *„Historische als liberal bezeichnete Positionen haben längst ihre Bedeutung verloren, so dass sich das allen „Liberalismen" Gemeinsame nur schwer unter konkrete, definitorisch eindeutig abgrenzte Kategorien bringen lässt."*[12]

Dass damit auch schnell ein von der Wissenschaft gedeckter Etikettenschwindel ermöglicht wird, macht diese Problematik erst so heikel, wie der nächste Abschnitt zeigen wird.

Probleme der begrifflichen Liberalismus-Abgrenzung

Es erweist sich als äußerst schwieriges Unterfangen, den Begriff des Liberalismus bzw. Wirtschaftsliberalismus enger zu fassen und ihn gegenüber wesensverwandten Begriffen wie Kapitalismus und Marktwirtschaft abzugrenzen.

Zum einen wird die Marktwirtschaft oftmals lediglich als die praktische Umsetzung des klassischen Liberalismus dargestellt. Auf diesen Umstand wird gleich noch näher eingegangen werden.

Zum anderen werden die Begriffe Marktwirtschaft und Kapitalismus inzwischen sogar fälschlicherweise meist synonym verwendet. Auch der Kapitalismus-Kritiker Robert Kurz setzt die Begriffe schon mittels seines Buchtitels: *„Schwarzbuch Kapitalismus: Ein Abgesang auf die Marktwirtschaft"*[13] gleich.

Und im *Gabler Wirtschaftslexikon* wird unter dem Stichwort „Kapitalismus" eine sehr fragwürdige Legitimation unter Einbeziehung der Wissenschaft für diese begriffliche Gleichschaltung geliefert: *„Eine wissenschaftliche Betrachtung ist leichter möglich, wenn die wertenden Begriffe*

12 Boelcke (1980), S.33.
13 R. Kurz (1999): Schwarzbuch des Kapitalismus

Kapitalismus und Sozialismus ersetzt werden durch wertfreie Bezeichnung[en] wie Marktwirtschaft und zentralgeleitete Wirtschaft."[14]

Diese von der Wissenschaft gedeckte begriffliche Vermengung der beiden Begriffe „Kapitalismus" und „Marktwirtschaft" wird vom Harvard-Ökonom John Kenneth Galbraith dagegen als bewusste Strategie vor allem der Wirtschaftslobby entlarvt:

> *„[...] weil der Begriff »Kapitalismus« unerfreuliche historische Erinnerungen heraufbeschwört, kommt er zusehends außer Gebrauch. Ökonomen, Führungspersönlichkeiten aus Wirtschaft und Politik, aber auch einige Journalisten sprechen heute lieber von »der Marktwirtschaft«, weil dieser Terminus keine negativen Assoziationen weckt. Zwar kann man das Wort »Kapitalismus« noch hier und da hören, aber nur selten aus dem Munde der scharfsinnigen und eloquenten Verteidiger der bestehenden Wirtschaftsordnung."* [15]

Dass inzwischen die ökonomischen Bezeichnungen Liberalismus, Kapitalismus und Marktwirtschaft nicht mehr richtig differenziert werden, ist auch dem Wirken von so einflussreichen Ökonomen wie Ludwig von Mises oder Jürgen Kromphardt anzulasten. Der ehemalige Wirtschaftsweise Kromphardt legt in seinem Standardwerk zum Kapitalismus „*Konzeptionen und Analysen des Kapitalismus*" im zweiten Kapitel Adam Smith' liberales Wirtschaftskonzept dar. Doch er verklärt den liberalen Klassiker Adam Smith zum Vorkämpfer für den Kapitalismus, indem er das betreffende Kapitel mit der Überschrift „*Adam Smiths Konzeption für den Frühkapitalismus*"[16] versieht und später in diesem Kapitel einen weiteren Abschnitt mit „*Adam Smiths Konzeption des kapitalistischen Wirtschaftssystems*"[17] betitelt und darin versucht aus Adam Smith-Zitaten eine Kapitalismus-Theorie herzuleiten.

Adam Smith in solch einen Kontext zu stellen, ist wissenschaftlich nicht haltbar, wie Elmar Altvaters Angaben belegen. Denn der Begriff „Kapitalismus" besaß für die Theorien der klassischen Liberalisten überhaupt keine Relevanz, wie Altvater nachweist: „*Adam Smith und David Ricardo verwenden den Begriff in ihren politisch-ökonomischen Analysen*

14 *Gabler Wirtschaftslexikon* (2004), S. 1787.

15 Galbraith (2007), S. 39

16 Wie viele andere auch begeht Paul Heinz Koesters denselben Fehler, indem er Adam Smith gar als Begründer des Kapitalismus hinstellt. Vgl. Koesters (1985), S. 50, S. 66.

17 Kromphardt, (2004), S. 50ff. und S. 72ff.

nicht; offenbar hatten die Klassiker der Politischen Ökonomie keinen Anlass dazu.“[18] [19]

Einer der Hauptvertreter der liberalen Österreichischen Schule, Ludwig von Mises, setzt letztendlich sogar alle drei Begriffe in seinen wissenschaftlichen Arbeiten einfach gleich.

Zum einen schrieb von Mises 1927: *„Eine Gesellschaft, in der die liberalen Grundsätze durchgeführt sind, pflegen wir die kapitalistische Gesellschaft zu nennen, und den Gesellschaftszustand als Kapitalismus zu bezeichnen.“*[20] Einer solchen Auffassung widerspricht ein anderer Liberaler, der ehemalige FDP-Fraktionsvorsitzende Karl-Hermann Flach, 1971 in einer Streitschrift für den Liberalismus entschieden: *„Der Kapitalismus als vermeintlich logische Folge des Liberalismus lastet auf ihm wie eine Hypothek. Die Befreiung des Liberalismus aus seiner Klassengebundenheit und damit vom Kapitalismus ist daher die Voraussetzung seiner Zukunft.“* [21]

Doch damit nicht genug: Denn zum anderen vollbringt von Mises in einer anderen Schrift noch die zweite begriffliche Vermengung, diesmal zwischen Marktwirtschaft und Liberalismus.

So formuliert Ludwig von Mises 1959: *„Das Grundprinzip des Liberalismus ist die Marktwirtschaft, d. h. die auf dem Sondereigentum an den Produktionsmitteln beruhende arbeitsteilige Wirtschaft.“*[22]

---

18 Altvater (2007), S. 35.

19 Es handelt sich um ein häufiges Missverständnis, Smith und Ricardo als Kapitalismus-Theoretiker zu bezeichnen: Für Smith und Ricardo war Kapitalismus als Wirtschaftssystem noch kein Thema. Richtig ist: Beide Ökonomen beschreiben in ihren Schriften wie die Klasse der Unternehmer bzw. Kapitaleigner unter Verwendung von Kapital Gewinne erzielt. Ricardo sieht in seiner Theorie die Klasse der Kapitalisten langfristig sogar als großen Verlierer der Wirtschaftsordnung. Vgl. Ricardo (1980), S. 101ff.

20 Von Mises, (1927/1993), S. 9.

21 Flach (1971), S.17.

22 von Mises, (1959), S. 596.

Diesen vermeintlichen Zusammenhang erklärt Peters aus einem historischen Prozess:

> *„Nach Ansicht der Repräsentanten der klassisch-liberalen Ökonomie garantieren die dezentrale freie Entscheidungsfindung und der freiwillige Austauschprozess auf den Märkten ein Maximum an individueller Freiheit für die Bürger, die hauptsächlich in ihrer Rolle als Wirtschaftssubjekte gesehen werden. Dieses führt dazu, dass die liberale Gesellschaftstheorie vorwiegend als Markttheorie entwickelt und dann zur Marktwirtschaftstheorie ausgebaut worden ist."* [23]

Die Reduktion der klassisch-liberalen Ökonomie auf eine Marktwirtschafts-Theorie oder Kapitalismus-Anleitung ist nicht unumstritten. Daher sollen im weiteren Verlauf der Arbeit die Standpunkte und Theorien der bedeutendsten klassischen Liberalen beleuchtet werden, um diese gängige Einordnung des Klassischen Liberalismus näher zu untersuchen und auf ihre Richtigkeit hin überprüfen.

1.4. Ideensystemische Einordnung von Liberalismus

Im Gegensatz zur begrifflichen Abgrenzung des Liberalismus gegenüber anderen ökonomischen Kategorien fällt eine ordnungspolitische Differenzierung wesentlich leichter.

Von der ordnungspolitischen Perspektive her betrachtet ist der Liberalismus neben dem Sozialismus und Konservatismus eines von drei gesellschaftlichen Ideensystemen, welche die geistige Grundlage von Wirtschaftssystemen bilden.[24] Die Unterschiede des Liberalismus gegenüber den beiden anderen Ideologien werden anhand der folgenden Gegenüberstellung sehr prägnant veranschaulicht.

Es wird nun auf Grundlage der Tabelle eine kurze ideensystemische Charakterisierung erfolgen, die sich jedoch aufgrund des liberalen Schwerpunkts dieser Arbeit ausschließlich auf den Liberalismus beschränken soll.

23 Peters (2002), S. 108.
24 Vgl. Peters (2002), S. 95.

	Liberalismus	Sozialismus	Konservatismus
Grundidee	Freiheitsidee	Gleichheitsidee	Bewahrungsidee
Grundwerte	Freiheit, Selbstbestimmung und Selbstverantwortung, Leistungswettbewerb, Gleichheit vor dem Gesetz, Chancengleichheit	Gleichheit, soziale Gerechtigkeit, Solidarität, Mitbestimmung	Tradition, Kontinuität, Ordnung, Hierarchie, Autorität
Grundziele	Sicherung und Ausbau individueller Freiheitsspielräume	Egalisierung der kollektiven Arbeits- und Lebensverhältnisse	Bewahrung überkommener Werte und erprobter Institutionen
Veränderungsziele	Mehr Freiheit für mehr Individuen	Mehr Gleichheit der Mitglieder der Gesellschaft	Gewordenes im Werdenden bewahren
Veränderungsrichtung	Vorrang der Privatinitiative vor staatlichem Handeln und kollektiven Zwängen	Vorrang gesellschaftlicher Ansprüche und des Gemeinwohls vor individuellem Eigennutz	Vorrang des Bewährten vor Unerprobtem
Hauptfunktionen des Staates	Rechts- und Freiheitsschutz	Daseinsvorsorge und soziale Verteilung	Aufrechterhaltung von Ordnung und Autorität
Stellung zu Besitz und Eigentum	- Bejahung von Besitz und Privateigentum als Mittel der freien Entfaltung sowie Stärkung der Privatinitiative und Selbstverantwortung - Breit gestreutes Vermögen und Privateigentum gelten als Machtzerstreuungsmittel	- Negation von Privateigentum an Produktionsmitteln, um Ausbeutung von Lohnarbeitern zu verhindern - Überführung der Produktionsmittel in Gemeineigentum zur eigentumsrechtlichen Gleichstellung aller Gesellschaftsmitglieder	- Erklärung der Unantastbarkeit gewordenen und gewachsenen Besitzes Bejahung von Privateigentum als Mittel zur Erhaltung und Vermehrung von Gütern und Sachwerten für nachfolgende Generationen
Gesellschaftstheorie	Harmonie- und Gleichgewichtstheorie	Klassen- und Konflikttheorie	Stabilitäts- und organische Wachstumstheorie

Tabelle 1: Übersicht über die gesellschaftlichen Ideensysteme, die als geistige Grundlage von Wirtschaftssystemen dienen. Quelle: Peters (2002), S. 96.

Gemäß der tabellarischen Darstellung basiert der Liberalismus aus der ideensystematischen Perspektive auf der Freiheitsidee und hat die Sicherung und den Ausbau individueller Freiheitsspielräume zum Ziel, während sich dagegen der Sozialismus der Gleichheitsidee verpflichtet sieht und der Konservatismus der Bewahrungsidee.

Das Ziel des Liberalismus, mehr Freiheit für mehr Individuen zu ermöglichen, wird dadurch erreicht, dass die Privatinitiative gegenüber staatlichem Handeln und kollektiven Zwängen Vorrang hat. Die Freiheit des Individuums betrachtet der Liberalismus als Voraussetzung für die bestmögliche Entfaltung des Menschen und der naturgemäßen Form menschlichen Zusammenlebens.

Der Staat muss jedoch die Freiheit des Individuums soweit einschränken, dass die Freiheit anderer Individuen nicht beeinträchtigt wird. Dies wird mit Hilfe eines für alle gleichermaßen verbindlichen Rechtssystems verwirklicht.

Der Staat hat lediglich die Funktion, den Schutz von Recht und Freiheit zu gewährleisten. Im Ideensystem des Liberalismus wird dem Besitz und Privateigentum als Mittel der freien Entfaltung sowie zur Stärkung der Privatinitiative und Selbstverantwortung eine zentrale Rolle beigemessen. In diesem Zusammenhang gilt es jedoch als erstrebenswert, dass Privateigentum und Vermögen möglichst breit gestreut sind, um damit auch die Macht zu zerstreuen. Das liberale Ideensystem basiert auf den Gesellschaftstheorien der Harmonielehre und der Gleichgewichtstheorie.

Der Liberalismus geht davon aus, dass durch die freie Entfaltung und uneingeschränkte wirtschaftliche Betätigung jeder versucht, seinen eigenen Nutzen zu maximieren, um dadurch für die Gesellschaft das bestmögliche Ergebnis zu erzielen.[25] Im nächsten Abschnitt wird veranschaulicht, dass innerhalb des Wirtschaftsliberalismus noch diverse Ausprägungen existieren.

25 Vgl. Peters (2002), S.97

1.5. Unterschiedliche Varianten von Liberalismus

Anhand der unterschiedlichen Varianten und Stadien des Wirtschaftsliberalismus wird zugleich auch seine historische Entwicklung nachvollziehbar. Am Ende dieser langen Entwicklung steht heute der Neoliberalismus angelsächsischer Ausprägung als die vorherrschende Lehre der letzten Jahrzehnte. Bedenklich am Neoliberalismus ist, dass er eine Entstaatlichung fördert, mit der u.a. auch ein massiver Sozialabbau einhergeht. Den Kritikern an diesem Prinzip soll dabei jede Grundlage entzogen werden, indem die Neoliberalen wie schon zuvor die Manchesterliberalen vorgeben, ihr theoretisches Fundament vom traditionsreichen Klassischen Liberalismus übernommen zu haben.

Die Liberalismusvarianten werden nachfolgend chronologisch in der Abfolge ihres Auftretens skizziert.

Das aktuelle *Gabler Wirtschaftslexikon* nimmt eine sehr grobe Liberalismus-Einteilung vor, bei der auf ökonomischer Ebene lediglich zwischen den drei Hauptvarianten „Klassischer Liberalismus", „Laissez-faire-Liberalismus" und „Neo- bzw. Ordoliberalismus" unterschieden wird.[26] In einer älteren Ausgabe des *Gabler Wirtschaftslexikons* wird noch eine vierte Variante, der etwas in Vergessenheit geratene „Französische Liberalismus", angeführt, der hier auch eine kurze Würdigung erfahren soll.[27]

1.5.1. Französischer Liberalismus

Diese Strömung im Liberalismus übernahm Ideen des Naturrechts der Physiokraten und wurde wesentlich von der französischen Aufklärung beeinflusst und war dank der Französischen Revolution auf Kontinentaleuropa vorherrschend.[28] Dieser Liberalismus spielt für die spätere Entwicklung als ökonomisch eigenständige Denkrichtung jedoch eine eher untergeordnete Rolle und soll daher in dieser Arbeit deshalb nicht weiter vertieft werden. Dem Französischen bzw. Rationalistischen Liberalismus kommt dennoch eine gewisse historische Bedeutung zu, denn Adam Smith wurde während einer längeren Bildungsreise von 1764-1766 vorwiegend in Frankreich und der Schweiz durch den intensiven Kontakt mit Philosophen und Ökonomen wie

26 Vgl. *Gabler Wirtschaftslexikon* (2004), S. 1894.
27 Vgl. *Gabler Wirtschaftslexikon* (1992), S. 2096f.
28 Vgl. Hayek (1959) S. 592f.

Voltaire, Diderot, Turgot und dem Begründer der Physiokratie François Quesnay nachhaltig geprägt. Die bekanntesten Vertreter des Französischen Liberalismus waren bedeutende Aufklärungsphilosophen wie Jean-Jacques Rousseau, Anne Robert Turgot, Antoine de Condorcet und Emanuel J. Sieyès.

Über den tatsächlichen Einfluss des Frankreichaufenthalts bestand lange Zeit große Uneinigkeit unter Wirtschaftshistorikern. Viele Ökonomen betrachten den Frankreichaufenthalt als große Wende in Adam Smith' Weltverständnis, weg vom Moralphilosophen und dafür hin zum marktliberalen Ökonomen. Ob dem tatsächlich so ist, wird noch Gegenstand einer Erörterung im Rahmen des sog. „Adam-Smith-Problems" im Abschnitt 2.5.1. werden.

1.5.2. Klassischer (angelsächsischer) Liberalismus

Die wichtigsten Vertreter dieser Liberalismusform sind nach herrschender Meinung Adam Smith, David Ricardo, John Stuart Mill, Thomas Malthus und Jean-Baptiste Say.

Die alternative Bezeichnung dieser Lehre als „Klassische Politische Ökonomie" geht auf Karl Marx zurück, jedoch grenzt er sie insoweit ab, als er den Beginn mit William Petty festlegt und David Ricardo als den letzten wirklichen klassischen Ökonomen betrachtet.[29] [30]

In John Stuart Mill sieht Marx dagegen ein Vertreter der *Vulgärökonomie,* da Mill als Vertreter der *„»bürgerlichen« Ökonomie"* versucht, *„die politische Ökonomie des Kapitals in Einklang zu setzen mit den jetzt nicht länger zu ignorierenden Ansprüchen des Proletariats. Daher ein geistloser Synkretismus, wie ihn John Stuart Mill am besten repräsentiert."* [31]

29 Vgl. Marx (1970), MEW 23, S. 95.
30 Jedoch ist der Terminus „Politische Ökonomie" noch wesentlich älter und geht auf Antoine de Montchrétiens gleichnamiges Buch von 1615 zurück. Vgl. Schumpeter (1965), S.225.
31 Marx (1970), MEW 23, S. 21 und S. 95.

1.5.3. Laissez-faire-Liberalismus (Manchester-Liberalismus)

Bei dieser Variante des Liberalismus handelt sich um eine einseitig verkürzte Interpretation des klassischen Liberalismus.[32]

Einflussreiche Unternehmer wie Richard Cobden und John Bright waren seit 1842 die bedeutendsten Vertreter dieser Wirtschaftspolitik, die vorwiegend in England des 19. Jahrhunderts realisiert wurde. Die „Manchesterliberalen" beriefen sich dabei auf die klassischen Ökonomen, insbesondere auf Adam Smith, David Ricardo und den frühen John Stuart Mill, um so ihre Forderung nach einem „Nachtwächter-Staat" zu rechtfertigen, der sich vollständig aus dem Wirtschaftsleben fernhält und damit auch der Freihandelspolitik nicht mehr im Wege steht.[33] Eine solche Freihandelspolitik wurde dann auch tatsächlich 1860 durch Abschluss des sogenannten Cobden-Vetrags zunächst mit Frankreich verwirklicht. In den folgenden Jahren schlossen sich eine Reihe von europäischen Staaten und Commonwealth-Staaten wie Kanada und Australien mit gewissen Einschränkungen dem Freihandelsabkommen an. Das internationale Freihandelssystem zerfiel wieder in den folgenden Jahrzehnten und löste sich dann 1900 endgültig auf.[34]

Im Rahmen dieser Arbeit wird dieser praktizierte Wirtschaftsliberalismus mit seinen Auswirkungen noch in diversen Abschnitten thematisiert werden.

1.5.4. Neoliberalismus und Ordoliberalismus

Ursprünglich handelt es sich beim Neoliberalismus um eine Gegenbewegung zum Laissez-faire-Liberalismus.[35]

Zunächst waren die Ökonomen der Freiburger Schule in den 1930er Jahren prägend für die Ausrichtung des Neoliberalismus. Sie postulierten einen starken Staat, der die Rahmenbedingung für die Wirtschaft vorgeben sollte. Seit den 1950er Jahren wurde eher unfreiwillig der genuinen Form des Neoliberalismus die Bezeichnung Ordoliberalismus zugewiesen. Die Bezeichnung „Ordo-Liberalismus" wurde

32 Vgl. *Gabler Wirtschaftslexikon* (2004), S. 1849.
33 Vgl. Boelcke (1980), S. 43.
34 Vgl. Boelcke (1980), S. 43.
35 Vgl. Beise (2009), S. 52f.

erstmals 1950 in Anlehnung an das von Walter Eucken und der Freiburger Schule herausgegebene Jahrbuch ORDO eingeführt.[36]

Denn seit den späten 1940er Jahren firmierten zunehmend unter dem Dach des Neoliberalismus die Repräsentanten der Österreichischen Schule und die durch sie 1947 gegründeten Mont Pèlerin-Gesellschaft. Seit den 1960er Jahren wurde der Neoliberalismus weltweit protegiert durch die Vertreter der Chicagoer Schule, allen voran Milton Friedman, einem der Gründungsmitglieder der Mont Pèlerin-Gesellschaft.[37]

Die Ironie der Geschichte ist, dass die Neoliberalen die Prinzipien des Laissez-faire-Liberalismus seitdem sogar wieder forcieren, statt, wie ursprünglich vorgesehen, sie zu verhindern.

Aufgrund der ideologischen Abweichungen zwischen Ordo- und Neoliberalismus ist es somit irreführend, diese beiden Liberalismusformen, wie häufig in der Literatur anzutreffen, zusammenzulegen.[38]

Der Neoliberalismus ist heutzutage durch die drei Prinzipien Liberalisierung, Deregulierung und Privatisierung gekennzeichnet.

Die Liberalisierung ist gekennzeichnet durch Befreiung der Märkte von Preiskontrollen und Handelsbarrieren, wird aber gleichzeitig auch als Oberbegriff von Deregulierung und Privatisierung verstanden.[39]

Unter Deregulierung wird der Abbau von staatlicher Steuerung und Reglementierung (z.B. Rechtsnormen) von wirtschaftlichen Aktivitäten und Marktvorschriften (z.B. Arbeitsmarkt) verstanden.[40]

Mit der Privatisierung werden das Senken der Staatsquote und der Daseinsfürsorge (Sozialleistungen) und die Privatisierung von Staatsunternehmen und Infrastruktur verbunden.[41]

---

36 Vgl. Moeller (1950), S. 224; vgl. Ptak (2004), S.23.
37 Vgl. Zitzelsberger (2009), S. 58.
38 Ein Beispiel hierfür: Vgl. *Gabler Wirtschaftslexikon* (2004), S. 2132.
39 Vgl. Ptak (2005), S. 106f.
40 Vgl. Deckwirth (2005), S. 32f.
41 Vgl. Ptak (2005), S. 106f.

1.6. Historische Bedeutung des Wirtschaftsliberalismus

Der Liberalismus hat historisch auf drei Ebenen nachhaltige Entwicklungen in Gang gesetzt:[42]

1. Philosophischer Liberalismus: Auf gesellschaftlicher bzw. philosophischer Ebene, indem Liberalismus als Grundlage der Emanzipation im Zeitalter der Aufklärung fungierte, als erstmals die individuelle Freiheit des Menschen gegenüber einem bis dahin allmächtigen Feudal-System zur Geltung kam.
2. Politischer Liberalismus: Auf der politischen Ebene mit Hilfe der Durchsetzung der individuellen Freiheit gegenüber dem Feudalsystem über rechtsstaatliche Institutionen .
3. Ökonomischer Liberalismus: Auf ökonomischer Ebene durch Etablierung des privaten Eigentumsrechts und eines sich selbst regulierenden Marktes.

Günter Verheugen ergänzt die drei Liberalismus-Ebenen noch um die soziale Ebene (sozialer Liberalismus), da die drei zuvor genannten Ebenen die sozialen Aspekte vernachlässigen. Zu dieser vierten Ebene werden meist Konzepte der sog. Fabian-Society sowie von Friedrich Naumann, John Stuart Mill und Karl-Hermann Flach gezählt.[43]

Die historische Dimension des Liberalismus als Grundlage für einen fundamentalen Wandel in der Menschheitsgeschichte soll anhand der folgenden Beurteilung verdeutlicht werden: *„Liberalismus war zunächst die zentrale Ideologie des aufstrebenden Bürgertums im Übergang vom Absolutismus zum Kapitalismus.“*[44] Zu einer ähnlichen Einschätzung gelangt Karl-Hermann Flach, der die Rolle des Liberalismus als Übergang vom Absolutismus zum verfassungsmäßigen Rechtsstaat bezeichnet.[45]

Dagegen liefert Robert Kurz eine sehr pessimistische und teilweise provokante Einschätzung zur historischen Rolle des Liberalismus. Er vertritt sogar die Position, dass der Liberalismus vom Absolutismus abstamme und gleichermaßen wie der Absolutismus ein totali-

42 Vgl. Ptak (2005), S. 106f.
43 Verheugen (1986), S. 402. Der Sozialdemokrat Günter Verheugen, kurz zuvor noch FDP-Mitglied, veröffentlichte 1986 eine Liberalismus-Betrachtung im „Lexikon des Sozialismus“.
44 Ptak (2005), S.106.
45 Vgl. Flach (1971), S. 17.

täres Moment enthalte, dem sich alle Menschen zu unterwerfen hätten. Beim Liberalismus sei das totalitäre Moment jedoch stärker durch den so wörtlich *„»ökonomistisch« fundierten Totalitarismus des Marktes"* ausgeprägt.[46]

Robert Kurz spitzt seine These noch weiter zu, indem er behauptet, dass die Ablösung des Absolutismus durch den Liberalismus keine wirkliche Veränderung mit sich gebracht habe, sondern ein System der menschlichen Ausbeutung schlicht durch ein anderes ausbeuterisches System ersetzt wurde, was folgendes Zitat veranschaulicht:

> *„Wie so oft in der Geschichte handelt es sich bei der Wendung des Liberalismus gegen die autoritäre staatsabsolutistische Doktrin bloß um einen Vatermord innerhalb derselben historisch-gesellschaftlichen Konstellation, nicht um einen Wesensunterschied."*[47]

1.7. Wegbereiter des Wirtschaftsliberalismus

Als die Frühform des Liberalismus wird das vom Naturzustand abgeleitete Naturrecht des 17. und 18. Jahrhunderts gesehen.[48] Vor diesem Hintergrund wird häufig auch der englischen Philosoph Thomas Hobbes als der erste große Stammvater des Liberalismus genannt.[49] Doch der Staatstheoretiker Hobbes sah im Naturzustand noch den *„Krieg aller gegen aller"*, den es vom Staat zu befrieden galt[50], im Gegensatz zu den späteren Vertretern der Harmonielehre, also den Physiokraten und den schottisch-englischen Moralphilosophen wie John Locke, Dugald Stewart, David Hume und Adam Smith.[51]

Hobbes beschreibt diese Logik der kriegerischen Konkurrenz in seinem Hauptwerk „Leviathan" wie folgt:

> *„Das Zusammenleben ist den Menschen also kein Vergnügen, sondern schafft ihnen im Gegenteil viel Kummer, solange es keine übergeordnete Macht gibt, die sie alle im Zaum hält [...] So sehen wir drei Hauptursachen des Streites in der menschlichen Natur begründet:*

---

46 Vgl. Robert Kurz (1999), S. 34.
47 Robert Kurz (1999), S. 35.
48 Vgl. *Brockhaus* (2006), Liberalismus S. 715.
49 Vgl. R. Kurz (1999), S. 34.
50 Vgl. R. Kurz (1999), S. 37.
51 Vgl. *Brockhaus* (2006), Liberalismus S. 715.

Wettstreben, Argwohn und Ruhmsucht. Dem Wettstreben geht es um Gewinn, dem Argwohn um Sicherheit, der Ruhmsucht um Ansehen. [...] Und hieraus folgt, dass Krieg herrscht, solange die Menschen miteinander leben ohne eine oberste Gewalt, die in der Lage ist, die Ordnung zu bewahren. Und es ist ein Krieg, den jeder Einzelne gegen jeden führt." [52]

Die philosophisch fundierten Ursprünge des ökonomischen Liberalismus beruhen jedoch auf den Harmonie-Vorstellungen der Physiokraten.[53] Dieser Aspekt macht es notwendig, zu Beginn des nächsten Kapitels den Einfluss der Physiokraten speziell auf Adam Smith' Lehre nochmals kurz zu thematisieren.

Eine zentrale Rolle in der physiokratischen Philosophie nimmt dabei das Naturrecht ein, bei dem davon ausgegangen wird, dass jeder Mensch von Natur aus mit bestimmten Rechten wie z.B. dem Recht auf Freiheit, Eigentum oder Erziehung ausgestattet ist.[54] So begründet schon François Quesnay, der bedeutendste Vertreter der Physiokratie, in den *„Ökonomischen Schriften"* (1763-1767) mit Hilfe des Naturrechts auch das Recht auf Eigentum.[55] Dieses Recht stellte, wie schon zuvor anhand der *Brockhaus*-Definition des Wirtschaftsliberalismus beschrieben, einen Grundpfeiler des ökonomischen Liberalismus neben einigen anderen Grundrechten dar.

Zudem leitete Quesnay aus dem Naturrecht die Verwirklichung einer harmonischen und natürlichen Selbstregulierung der Wirtschaft ab, die später auch Adam Smith für sein ökonomisches Hauptwerk *„Der Wohlstand der Nationen"* übernahm.[56]

Auch für die Vertreter der Aufklärung hatte das Naturrecht eine zentrale Bedeutung. Der bedeutende Philosoph und Aufklärer John Locke leitete aus dem Naturrecht das Recht auf Privateigentum in seiner berühmten Schrift *„Zwei Abhandlungen über die Regierung"* ab. Laut Locke erwirbt ein Mensch das Recht auf Eigentum dadurch, dass er Dinge

52 Hobbes (1965), S. 98f.
53 Vgl. Peters (2002), S. 97.
54 Der Begriff Physiokratie ist gleichbedeutend mit „Herrschaft der Natur" und sollte eine Gegenposition zum Merkantilismus, dem absolutistischen Wirtschaftsprinzip konstituieren. Vgl. Reuter (2006), S. 139.
55 Vgl. Quesnay (1976), S. 40.
56 Vgl. Schwedt (2009), S. 147.

aus dem Naturzustand mit Hilfe seines Körpers, das heißt durch Arbeit so verändert, dass sie sich nicht mehr im Naturzustand befinden.[57]

Die Idee, das Recht auf Eigentum zur Voraussetzung für eine gerechte Gesellschaft zu erklären, ist neben Locke auch bei vielen damals zeitgenössischen Moralphilosophen wie Immanuel Kant, David Hume oder Samuel von Pufendorf vorzufinden.[58] Aufgrund dieser Position können die Vertreter der Aufklärung wie John Locke zu den wichtigen Wegbereitern für den Wirtschaftsliberalismus gezählt werden. [59]

57 Vgl. Locke (1998), S. 216f.
58 Vgl. Zudeick (2009), S. 60ff.
59 Vgl. Locke (1998), S. 216f.

2. Adam Smith - Der optimistische Liberalist

2.1. Adam Smith - Begründer des Klassischen Liberalismus

Die in England einsetzende Industrialisierung in der zweiten Hälfte des 18. Jahrhunderts läutete eine neue Ära ein, die eine neue ökonomische Lehre hervorbrachte, die heute als „Klassische Politische Ökonomie" bezeichnet wird. Dabei gilt als der Begründer dieser neuen umfassenden Wirtschaftstheorie der schottische Moralphilosoph und Nationalökonom Adam Smith (1723-1790). Denn Adam Smith war es, der als erster in seinem 1776 erschienenen Hauptwerk *„An Inquiry into Nature and Causes of the Wealth of Nations"* ein sich selbst regulierendes Wirtschaftssystem entwickelte, das im Normalfall ohne staatliche Eingriffe funktionieren könne.[60]

Da *„Wealth of Nations"* bis zum heutigen Tag als die Bibel verschiedener Spielarten des Wirtschaftsliberalismus gilt[61], soll auf Smith und seine Werke auch etwas ausführlichster eingegangen werden.

Aus historischer Sicht gilt Adam Smith auch als der bedeutendste Vorläufer des Ökonomen David Ricardo (1772-1823), dessen 1817 erschienenes Hauptwerk *„Principles of Political Economy and Taxation"* sich vorwiegend mit der Einkommensverteilung auseinandersetzt. David Ricardos Grundlage für seine Verteilungstheorie bildet dabei die Smithsche Arbeitswertlehre. Daher setzt sich der nächste, also dritte Teil dieser Arbeit vornehmlich mit David Ricardo und seinem Verständnis von Ware und Wert auseinander.

Im fünften Teil wird dann abschließend auf John Stuart Mill (1806-1873) eingegangen werden, der vieles von den Theorien der Klassischen Ökonomie und damit auch von seinen Vorgängern Smith und

---

60 Smith hat in seinem Werk die Erkenntnisse und Theorien von einer ganzen Reihe Ökonomen und Philosophen übernommen und zu einer vollständigen volkswirtschaftlichen Theorie komplettiert. Dabei bediente er sich u.a. für seine Preis- und Werttheorie („Law of one Price") bei Richard Cantillon und für seine Arbeitswertlehre bei William Petty (gilt als Begründer der Arbeitswertlehre). Vgl. Ziegler (1998), S.86.

61 Vgl. Sturn (2008), S. 84.

Ricardo in seinem Hauptwerk „*Principles of Political Economy*" (1848) übernommen hatte.

2.2. Die Grundsteinlegung für die „Klassische Politische Ökonomie"

Adam Smith schuf mit „*Wealth of Nations*" (WN) einen ersten Meilenstein in der „Klassischen Politischen Ökonomie". Sein Werk enthielt zwar keine neuen Erkenntnisse[62], doch passte Smith die damaligen Erkenntnisse und Theorien in einen umfassenden systematischen Rahmen ein, mit dem erstmals die Ökonomie als eigenständige Wissenschaft anerkannt wurde.[63]

Um die Ursprünge und Leitideen der „Klassischen Politischen Ökonomie" nachvollziehen zu können, soll kurz noch auf die historische Ausgangssituation aus der Perspektive von Adam Smith eingegangen werden.

Da die „Klassische Politische Ökonomie" sich aus der (liberalen) Kritik am Merkantilismus[64] und der Physiokratie[65] entwickelt hat, sollen diese beiden wirtschaftspolitischen Systeme an dieser Stelle noch einmal kurz charakterisiert werden:

Es handelt sich beim Merkantilismus (~1600-1750) um eine wirtschaftspolitische Staatsform im Zeitalter des Absolutismus, bei der der mittelalterliche Feudalismus durch die Entstehung moderner Nationalstaaten verdrängt wurde. Der Schwerpunkt der Nationalstaaten lag auf ihrer Wirtschaftspolitik, bei der möglichst eine aktive Handelsbilanz erzielt werden sollte, indem vor allem Rohstoffe importiert und fertige Waren bzw. Güter ausgeführt wurden. Ziel war es, möglichst hohe Goldbestände u.a. zur Finanzierung großer Heere anzuhäufen.

---

62 Vgl. Joseph Schumpeter (1965), S. 245 und S. 390f.
63 Vgl. Ziegler (1998), S. 59; Vgl. Linß (2007), S.23.
64 Vgl. Robbins (1978), S. 115ff.
65 Vgl. Schumpeter (1965), S. 253f.

Die Physiokratie entstand aus der Kritik am Merkantilismus[66] und beruht auf einem von François Quesnay (1694-1774), dem Leibarzt von Ludwig XV., entwickelten ökonomischen Kreislaufmodell. Dieses besteht aus den drei Gesellschaftsklassen Landwirtschaft, Industrie und Grundherren. Das Bürgertum (Handwerker, Fabrikanten, Kaufleute) galt als unproduktive Klasse. In diesem System galt dagegen die Landwirtschaft als einziger produktiver Sektor, daher sollte nur beim Grundbesitzer, der den Reinertrag des produktiven Bodens erhält, eine Steuer erhoben werden.[67] Der Wohlstand gehe ausschließlich von der Natur (Boden) aus und werde erst durch die Arbeit der produktiven Klasse der Bauern und Bergarbeiter erwirtschaftet.[68]

Adam Smith sah dagegen den Ursprung für jede Form des nationalen Wohlstands in der produktiven menschlichen Arbeit, d.h. nicht im Handel, wie die Merkantilisten behaupteten, und auch nicht in der Natur (Boden), wie es die Physiokraten annahmen.[69]

Doch hat Smith auch einige essentielle Postulate von den Physiokraten übernommen. So forderten die Physiokraten u.a. eine totale Neuordnung des Verhältnisses von Staat und Wirtschaft, bei dem der Staat keine Eingriffe in die Wirtschaftspolitik mehr vornehmen durfte. Dieser neue Klassische Liberalismus ließ sich auf die schlichte Formel *„laissez faire, laissez passer"* bringen, die Smith jedoch mit einigen bemerkenswerten Einschränkungen übernahm.[70] Der Staat darf seiner Ansicht nach immerhin noch solche Aufgaben übernehmen, denen der einzelne Bürger selbst nicht mehr gewachsen ist.

Auf den Punkt gebracht sind also Staatsinterventionen dann erlaubt, wenn sie dem Schutz der Gesellschaft dienen, u.a. bei Marktversagen wie z.B. der Bildung von Monopolen.[71] Ansonsten hat die persönliche

66 Die Systemlosigkeit, Unberechenbarkeit staatlicher Interventionen und der Akzent auf eine aktive Handelsbilanz und Goldanhäufung wurden sowohl von Adam Smith als auch von den Physiokraten ablehnt. Vgl. Holub (2006), S. 66ff.

67 Vgl. Ehrlicher (1975), S. 483.

68 Vgl. Schumpeter (1965), S. 253f.; vgl. Senf (2007), S. 15.

69 Vgl. H.D. Kurz (1998), S. 66.

70 Vgl. Recktenwald (1974), S. LXII f. und LXVI f. Diese Aussage wird noch im Abschnitt 2.5.1. (Adam-Smith-Problem) hinterfragt und diskutiert werden müssen.

71 Vgl. H.D. Kurz (1998), S. 68f.; vgl. Robbins (1978), S. 30f.

Freiheit jedes Bürgers oberste Priorität, solange ein fairer Wettbewerb gewährleistet bleibt.

Im Folgenden wird dieser von Adam Smith vertretene ökonomische Liberalismus basierend auf seiner Wert- und Preislehre genauer erläutert. Dazu lassen sich vier Hauptelemente determinieren:

1.) Arbeitswertlehre und Preisbildung
2.) Arbeitsteilung und Akkumulation
3.) Unsichtbare Hand und Staatsfunktion
4.) Theorie des Arbeitsmarktes

Dieses Konglomerat wird von der Nachwelt auch als Wendepunkt hin zum „Klassischen Paradigma“ gesehen.

Damit können die zentralen klassischen Grundbegriffe „ Ware“, „Wert“ und „Arbeit“ in einem Gesamtkonzept vereint werden, in dem zum einen die Zusammenhänge und Ursprünge der Begriffe nachvollziehbar werden und zum anderen eine Differenzierung zwischen „Gebrauchswert“ und „Tauschwert“ ermöglicht wird.

2.3. Adam Smith und das „Liberale Paradigma“

2.3.1. Arbeitswertlehre und Preisbildung

a) Preisbildung:

Adam Smith beschäftigte sich intensiv mit der Frage, von welchen Einflussfaktoren letztendlich der Preis einer Ware abhängt. Er erkannte die Problematik der Marktpreise, die durch sehr stark schwankende Geldpreise ausgedrückt wurden. Daher suchte er nach einem Maß, mit dem der reale Preis und damit der wahre Wert eines Gutes (real price) ermittelt werden konnte.[72]

Zu diesem Zweck nahm er eine Unterscheidung zwischen Gebrauchswert (value in use) und Tauschwert (value in exchange) vor.[73]

72 Vgl. Recktenwald (1974), S. LIII.
73 Vgl. Smith (1974), S. 28 ff.

Um ein objektiveres Maß für den Tauschwert zu finden, ersetzte Smith die durch Geld ausgedrückten Preise (Nominalpreis) durch in Arbeitseinheiten ausgedrückte Preise (Realpreis).[74] Diese Unterscheidung führte jedoch zwangsweise zu einem Widerspruch, dem von ihm so benannten „Wertparadoxon" bzw. Wasser-Diamanten-Paradoxon.[75]

Für Smith war es unverständlich, dass Güter mit sehr hohem Gebrauchswert (Wasser, Luft) einen sehr niedrigen Tauschwert hatten und umgekehrt Güter mit einem sehr hohen Tauschwert (Diamanten) einen sehr niedrigen Gebrauchswert hatten.[76] Dieses Dilemma versuchte Smith mit Hilfe der Arbeitswertlehre zu lösen.

b) Arbeitswertlehre:

Infolge der Arbeitsteilung will jeder Mensch seine produzierten Waren gegen andere tauschen. Der Wert einer Ware, die am Markt getauscht werden soll, ist gleich der Menge der investierten Arbeit.[77]

Smith' Arbeitswertlehre beinhaltet dabei drei Aspekte:[78]

1.) Die Arbeit ist einziger Maßstab der Tauschwerte von Gütern.

2.) Sämtliche zur Herstellung erforderlichen Arbeitszeiten (Produktionskosten) sind zu berücksichtigen.

3.) Arbeitsleid, ausgedrückt durch die Arbeitszeit, ist die einzige Grundlage des Wertes.

---

74 Vgl. Schumpeter (1965), S. 249, S. 392.

75 1871 erschien *„Grundsätze der Volkswirtschaftslehre"*, in dem Carl Menger zu dem Ergebnis kommt, dass der Wert eines Gutes durch die subjektive Wertschätzung seiner jeweils letzten Einheit bestimmt wird (Grenznutzenbetrachtung basierend auf J.S. Mill). Nicht die Arbeitszeit oder die Produktionskosten seien der Wertmaßstab, sondern die subjektive Wertschätzung des Konsumenten. Die Grenznutzentheorie bildet heute die Grundlage der Mikroökonomie. Der Wert ist in diesem Paradigma subjektiv. Es gibt also keinen „objektiven" Wertmaßstab mehr, wie ihn die Klassiker annahmen, sondern der Wert wird allein von der Nachfrage bestimmt. Vgl. Heine/ Herr (2003), S. 12.

76 Vgl. Smith (1974), S.35.

77 Vgl. Smith (1974), S.28.

78 Vgl. Smith (1974), S. 28ff.; vgl. Schumpeter (1965), S.249f.

2.3.2. Arbeitsteilung und (Kapital-)Akkumulation

a) Arbeitsteilung:

Als Voraussetzung für die Erhöhung der Produktivität und das Funktionieren einer modernen Gesellschaft sieht Smith die Arbeitsteilung in Kombination mit dem Einsatz von Maschinen und Werkzeugen. Die primäre Ursache für den technologischen Fortschritt bildet jedoch die Arbeitsteilung, so dass der Maschineneinsatz nur als komplementäre und nicht als substituierende Maßnahme für den Faktor „Arbeit" zu betrachten ist. Für Smith sind Arbeitsteilung und technischer Fortschritt identisch.[79]

Überdies war er auch der erste Ökonom, der erkannte, dass die Arbeitsteilung entsprechend der Größe des Marktvolumens ansteigt.[80]

Mit der Arbeitsteilung zwischen verschiedenen Staaten hatte sich Smith jedoch nur eingeschränkt beschäftigt. Er beschrieb nur den Fall der absoluten Kostenvorteile, bei denen jeder Staat jeweils eines seiner beiden Produkte günstiger produziert als das andere Land.[81] Erst David Ricardo hatte die Arbeitsteilung auf internationaler Ebene in seiner Theorie der komparativen Kosten (Abschnitt 3.2.5.) komplettiert.

b) Akkumulation des Kapitals:

Neben dem technologischen Wandel gehört die Kapitalakkumulation und die Verteilung des Volkseinkommens[82] zu den beherrschenden Themen der „Klassischen Politischen Ökonomie". Dabei spielt das Verhältnis zwischen Akkumulation und Ersparnissen eine besonders wichtige Rolle.

Smith hatte festgestellt, dass Sparen an sich noch zu keinem Nachfrageausfall führt.[83]

Denn Arbeitgeber, die durch Sparen größere Geldbestände anhäufen, werden diese früher oder später reinvestieren z.B. zur Kapazitätser-

79 Vgl. Smith (1974), S. 9ff.; vgl. H. D. Kurz (1991), S. 137ff. und S.151ff.
80 Vgl. Smith (1974), S. 19ff.
81 Vgl. Sell (2003), S. 160f.; vgl. Heine/Herr (2003), S. 617.
82 Die sogenannte Verteilungs- bzw. Distributionstheorie, ein Hauptelement in „*Wealth of Nations*", widmet sich der Aufteilung des Gesamtertrages auf Arbeit, Boden und Kapital. Vgl. Smith (1974), S.228 ff.
83 Vgl. H.D. Kurz (1991), S. 134f.

höhung, was wiederum zur Folge hat, dass dadurch mehr Arbeiter eingestellt werden können. Die Arbeiter dagegen erhalten gemäß der Subsistenzlohntheorie (siehe unter Abschnitt 2.3.4. „Theorie des Arbeitsmarktes") gerade soviel Lohn, um überleben zu können. Daraus resultiert, dass die Arbeiter nicht sparen können, sondern ihren Lohn gezwungenermaßen sofort konsumieren müssen.[84]

2.3.3. „invisible hand" und die Staatsfunktionen

a) „invisible hand"

Auf Adam Smith beruht der legendäre und oft aus *„Wealth of Nations"* zitierte Ausdruck *„invisible hand"*.

Das englische Original-Zitat lautet: *„he* [every individual] *in this, as in many other cases, led by an invisible hand to promote an end which was no part of his intention. "* [85]

Smith geht davon aus, dass alle Individuen dem Bild des Wirtschaftssubjekts entsprechen, das nur seine eigenen Interessen verfolgt, in dem also jeder nach persönlicher Gewinnmaximierung strebt.[86] Lässt man entsprechend dem Liberalen Paradigma (*„einfache System der Freiheit"*)[87] jedem Individuum wirtschaftliche Handlungsfreiheit und freie Verfügbarkeit über Eigentum, so werden die Menschen wie von „unsichtbarer Hand" (invisible hand) gelenkt.[88] Auf diese Weise soll der Markt auch in der Lage sein, sich selbst zu regulieren.

Zur Beschreibung des Marktgeschehens greift Smith in seiner Werttheorie v.a. auf Richard Cantillon[89] (1680-1734) und Sir William Petty[90] (1623-1687) zurück, die schon sehr viel früher eine Unterscheidung

84 Vgl. H.D. Kurz (1991), S. 151, S. 158ff.
85 Smith (1869), S. 28. (Da der Ausdruck *„invisible hand"* von Smith jedoch auch noch anderer Stelle in einem moralphilosophischen Zusammenhang verwendet wurde, muss darauf später im Abschnitt 2.5.1. noch einmal gesondert eingegangen werden.)
86 Dieses Menschenbild wurde später von Neoklassikern als „Homo oeconomicus" getauft. Die lateinische Bezeichnung prägte 1906 erstmals Vilfredo Pareto in seinem *„Manuale d'economia politica"* (Handbuch der politischen Ökonomie). Vgl. Persky (1995), S. 222.
87 Vgl. Smith (1974), S. 582.
88 Vgl. Smith (1974), S. 27; vgl. Kromphardt (2004), S. 84 f.
89 Vgl. Schumpeter (1965), S. 287.
90 Vgl. Hofmann (1979), S. 33.

zwischen einem kostenbestimmten „natürlichen" Preis (Preis der Gütererzeugung) und einem von Angebot und Nachfrage bestimmten Marktpreis vornahmen.[91]

Die Konkurrenz unter den Marktteilnehmern bewirkt jedoch, dass langfristig gesehen ein einheitlicher Preis entsteht. Dabei passt sich mit der Zeit der Marktpreis dem „natürlichen" Preis an. Somit geht Smith davon aus, dass letztendlich allein die Angebotsseite entsprechend ihrer Produktionskosten die Preise bestimmen wird.[92]

b) Staatsfunktionen:

Entsprechend der „Theorie des einfachen Systems der natürlichen Freiheit" sind die Aufgaben des Staates auf einige wenige begrenzt:[93]

1.) Verteidigung des Landes gegen äußere Feinde (militärische Sicherheit);
2.) Schutz aller Gesellschaftsmitglieder vor Ungerechtigkeit (Sicherung der Rechtsordnung);
3.) Errichtung von öffentlichen Institutionen, mit denen Privatpersonen keine Profite erwirtschaften können. Smith dachte dabei auch an Infrastrukturen wie z.B. Verkehrsanlagen, die durch Benutzungsgebühren finanziert werden sollten, oder an Bildungseinrichtungen, die von Steuereinnahmen getragen werden sollten.

2.3.4. Die Theorie des Arbeitsmarktes

Adam Smith hat als erster eine umfassende Lohntheorie ausgearbeitet.[94]

Dabei soll in diesem Abschnitt das Hauptaugenmerk vor allem auf die Bestimmung der Lohnhöhe und Lohnstruktur gerichtet werden.

91 Petty war der erste, der sich mit der Preisbildung beschäftigte. Er unterschied erstmalig Preis und Wert. Daraus entstand entsprechend die Differenzierung in „natürlicher Preis" und „politischer Preis", die später von Cantillon übernommen wurde. Vgl. Marx (1971), MEW 26.1, S. 44, S.331.

92 Vgl. Recktenwald (1974), S. LVI.

93 Vgl. Smith (1974) S. 582, S. 587ff.; vgl. Kromphardt (2004), S. 90f.

94 Vgl. Schumpeter (1965), S. 341ff.

Smith entwickelt mehrere Methoden zur Determinierung der Lohnhöhe. Insbesondere die „Lohnfondstheorie“ und die „Subsistenzlohntheorie“ sind dabei als die maßgeblichen Lohntheorien anzusehen.

In der „Lohnfondstheorie“ orientiert sich die Höhe des Lohnes direkt am Verhältnis des zur Verfügung stehenden Kapitalstocks (Lohnfonds) für die Arbeiter und der Nachfrage nach Arbeitern. Voraussetzung hierfür ist eine möglichst umfangreiche Kapitalakkumulation.[95]

In diesem Zusammenhang wird das zuvor akkumulierte Kapital in einem bestimmten Verhältnis aufgeteilt: Ein Teil dient dazu die Produktionsanlagen auszubauen, der andere Teil wird zur Einstellung von weiteren Arbeitskräften verwendet.[96] Sie sind beide elementare Voraussetzungen für eine Produktivitätssteigerung.

In der „Subsistenzlohntheorie“ wird davon ausgegangen, dass sich der Lohn langfristig auf der Höhe des Existenzminimums stabilisieren wird, da jede Erhöhung des Lohnes über dieses Niveau einen Anstieg des Arbeitskräfteangebotes hervorrufen würde, der wiederum zu einer Lohnsenkung führt. Fällt der Lohn dagegen unter das Niveau des Existenzminimums, so wird sich das Arbeitskräfteangebot verringern, was einen erneuten Lohnanstieg zur Folge hätte.[97]

In der „Theorie der Lohnstruktur“ erläutert Smith unter welchen Bedingungen Geldeinkommensunterschiede als sinnvoll anzusehen sind. Smith nennt fünf Gründe für eine Lohndifferenzierung, die regional, branchen- und berufsabhängig ist und zuvor durch Verhandlungen vereinbart wird:[98]

1.) Unterschiedliche Unannehmlichkeiten in den Berufen

2.) Unterschiedliche Dauer, Schwierigkeit und Kosten der Berufsausbildung

3.) Unterschiede in der Kontinuität der Beschäftigung (z.B. Saisonarbeit)

95 Vgl. Kittsteiner (1984), S. 63.
96 Vgl. Smith (1974), S. 56ff.; vgl. H.D. Kurz (1991), S. 133f.
97 Vgl. H.D. Kurz (1991), S. 142f.
98 Vgl. Smith (1974), S. 85ff.; vgl. H.D. Kurz (1991), S. 186.

4.) Grad des von den Kunden entgegenzubringenden Vertrauens, d.h. Verantwortlichkeit

5.) Unterschiedliche Erfolgsaussichten im erlernten Beruf

Der nächste Abschnitt wird sich nun mit der These auseinandersetzen, ob Adam Smith' Theorie tatsächlich die theoretische Grundlage für eine Laissez-faire-Ökonomie gelegt hat, wie sie z.B. durch den aktuellen Neoliberalismus repräsentiert wird.

2.4. Geistige Einflüsse auf Adam Smith und sein Werk

Dieser Abschnitt wird sich der Person Adam Smith und seinem Werk annähern, indem zunächst seine philosophischen Hintergründe und geistigen Einflüsse dargestellt werden. Erst wenn auf diese Weise seine Sicht auf die Welt deutlich wird, lässt sich die wahre Intention seiner Werke wirklich erschließen. Daraus wird dann auch verständlich, welche Bedeutung für Smith Begriffe wie „laissez faire" oder „invisible hand" tatsächlich haben.

Smith ist von einer Reihe philosophischer und geistiger Strömungen beeinflusst, die auch in seinen Werken allgegenwärtig sind.

Das Bemerkenswerte daran ist, dass jede dieser religionsphilosophischen Strömungen mehr oder weniger davon ausgeht, dass das Göttliche einer „Weltvernunft" entspricht und die Welt sich von selbst in die optimale Richtung bewegen würde.

So hat Smith einen Einfluss durch den Stoizismus auf sein Denken auch nicht verheimlicht.[99] Zudem ist erkennbar, dass Smith' Weltbild ebenso von Heraklits Logos, dem Taoismus und dem Deismus Spinozas beeinflusst ist.[100]

Die göttliche Komponente in Smith' Gedankenwelt tritt im Zusammenhang mit der natürlichen Ordnung in seiner „*Theory of Moral Sentiments*" (TMS) zu Tage:

---

99 Vgl. Smith (1977), S. 47; vgl. Zudeick (2009), S. 93f.; vgl. Aßländer (2007), S. 84.

100 Vgl. Rüstow (2004), S. 21f.; vgl. Zudeick (2009), S. 94; vgl. Sturn (2008), S. 78.

„Die alten Stoiker waren der Meinung, dass wir – da die Welt durch die alles regelnde Vorsehung eines weisen, mächtigen und gütigen Gottes beherrscht werde – jedes einzelne Ereignis als notwendigen Teil des Weltplanes betrachten sollen, als etwas, das die Tendenz habe, die allgemeine Ordnung und Glückseligkeit des Ganzen zu fördern".[101]

Doch während in Smith' System das Gottesvertrauen lediglich als Rechtfertigung eines sehr zurückhaltenden Staates im Liberalismus dient, so wird schon bei seinen optimistischen Nachfolgern klar, dass sie den Wirtschaftsliberalismus zu einer Religion emporheben und jeden Eingriff des Staates als gottesfeindlichen Eingriff in die natürliche Ordnung („ordre naturel") kategorisch ablehnen.[102]

Wie schon in der Einleitung angedeutet, herrscht um den Wirtschaftsliberalismus ein scharfer Kampf bezüglich seiner Deutungshoheit. Dies lässt sich zu einem gewissen Teil direkt auf seinen Begründer Adam Smith und dessen Gesamtwerk zurückführen.

Viele Ökonomen, Sozialwissenschaftler und Politiker leiten bis heute ökonomische Vorstellungen wie den Laissez-faire-Liberalismus, den Nachtwächterstaat, das Menschenbild des Homo oeconomicus und den Neoliberalismus von Adam Smith' „*Wealth of Nations*" ab. Die vielen widersprüchlichen ökonomischen wie auch ethischen Positionen, die scheinbar alle auf Smith' Lehre basieren, beruhen auf einem Phänomen, das als sogenanntes „Adam-Smith-Problem" in der ökonomischen Literatur diskutiert wird.

101 Smith (1977), S. 47f.

102 Alexander Rüstow dokumentiert in seinem Buch „*Das Versagen des Wirtschaftsliberalismus*" anhand von Zitaten, wie realitätsfern die ökonomische Weltsicht der optimistischen Klassiker tatsächlich war. Vgl. Rüstow (2001), S. 45ff. Rüstow zählt in seinem Buch neben Smith eine ganze Reihe weiterer Optimisten auf: Chr. J. Kraus, Delbrück, Thünen, Say, Bastiat, Dunoyer, Cobden, Prince-Smith, Stirling und Gossen. Zu den Pessimisten in der Klassik gehörten dagegen lediglich Malthus, Ricardo und Marx. Vgl. Rüstow (2001), S. 63ff.

2.5. Diskurs zur ökonomischen Einordnung von Adam Smith

2.5.1. Das „Adam-Smith-Problem"

Das „Adam-Smith-Problem" wurde zum Streitobjekt, da Smith in dem ersten seiner beiden Hauptwerke „*Theorie der ethischen Gefühle*" von 1759 den Menschen noch als ethisches Wesen charakterisierte, während er in „*Wohlstand der Nationen*" von 1776 eher ein egoistisches Menschenbild zeichnet.[103] Die Kernfrage des Problems lautet also, wie die beiden scheinbar widersprüchlichen Positionen in einen logischen Einklang zu bringen sind.

Hinter dem Problem steht letztlich aber auch eine Kontroverse, in der geklärt werden muss, inwieweit die beiden Hauptwerke von Adam Smith „*The Theory of Moral Sentiments*" (TMS) und „*Wealth of Nations*" (WN) als völlig voneinander unabhängige, d.h. eigenständige Werke zu sehen sind oder ob es sich bei den beiden Werken doch lediglich um Elemente einer übergeordneten Gesamttheorie handelt.[104]

Diese Kontroverse beinhaltet eine Reihe von strittigen Unterpunkten:

Zu den wichtigsten zählen:

1.) „invisible hand"

2.) Sympathie-Begriff

3.) Laissez-faire-Prinzip

4.) Umschwung-Debatte

1.) „invisible hand"

Obwohl der Begriff „invisible hand" in WN und TMS jeweils nur ein einziges Mal verwendet wird und bezogen auf sämtliche bekannten Schriften Smith' insgesamt nur dreimal vorkommt, wird der Begriff in

103 Vgl. Aßländer (2007), S. 147ff.; vgl. Ziegler (1998), S.111; vgl. Sturn (2008) S. 77ff.

104 Vgl. Ziegler (1998), S. 111.

der Ökonomie dermaßen zum Schlüsselbegriff stilisiert, als habe Smith ein ganzes Werk ausschließlich der unsichtbaren Hand gewidmet.[105]

Zudem war die „invisible hand“ keine Wortkreation von Adam Smith, sondern eine zur damaligen Zeit übliche Redewendung.[106]

1.) a) „invisible hand“ in TMS (1759)

Smith leitet die Passage über die unsichtbare Hand mit dem doch sehr gutgläubigen und idealistischen Gedanken ein, dass die Grundbesitzer, trotz *„ihrer natürlichen Selbstsucht und Raubgier“* und dem Wunsch nach einer *„Befriedigung ihrer eignen eitlen und unersättlichen Begierden“*, den Ertrag sämtlicher Verbesserungen mit den Armen teilen, die sie in ihrer Landwirtschaft eingeführt haben.[107]

Im Anschluss daran heißt es weiter: *„Von einer unsichtbaren Hand werden sie* [Grundherren] *dahin geführt, beinahe die gleiche Verteilung der zum Leben notwendigen Güter zu verwirklichen, die zustande gekommen wäre, wenn die Erde zu gleichen Teilen unter alle ihre Bewohner verteilt worden wäre; und so fördern sie, ohne es zu beabsichtigen, ja ohne es zu wissen, das Interesse der Gesellschaft.“*[108]

1.) b) „invisible hand“ in WN (1776)

Jeder Einzelne, der durch sein Eigeninteresse unbewusst das Allgemeinwohl erhöht, *„wird in diesem wie auch in vielen anderen Fällen von einer unsichtbaren Hand geleitet, um einen Zweck zu fördern, den zu erfüllen er in keiner Weise beabsichtigt hat“*.[109]

Während die „invisible hand“ in TMS noch den auf Mitgefühl fußenden Umverteilungsaspekt in den Mittelpunkt rückt, spielt bei der „invisible hand“ in WN der Eigennutz die übergeordnete Rolle.[110]

---

105 Vgl. Zudeick (2009), S. 94; Entgegen Zudeicks Behauptung taucht die „invisible hand“ noch ein drittes Mal in *„The History of Astronomy“* auf, die erst posthum 1795 veröffentlicht wurde. Vgl. Aßländer (2007), S. 125.
106 Vgl. Aßländer (2007), S. 125, Vgl. Raphael (1991), S.86.
107 Vgl. Smith (1977), S. 316.
108 Smith (1977), S. 316.
109 Smith (1974), S. 371.
110 Vgl. Sturn (2008), S. 79f.

Dieser vermeintliche Widerspruch, neben einigen anderen in Smith' Werken, war der Beweggrund vieler Ökonomen anzunehmen, er habe seine Weltanschauung vollkommen verändert. Es wird behauptet, Smith habe sich nach dem Kontakt mit den Physiokraten und dem Rationalistischen Liberalismus von einem Moralphilosophen mit einem ethischen, d.h. mitfühlenden Menschenbild zu einem Ökonomen mit einem am Eigeninteresse orientierten (egoistischen) Menschenbild gewandelt. In der Neoklassik wurde, wie bereits erwähnt, diesem Menschenbild später der Begriff „Homo oeconomicus" zugewiesen.[111]

2.) Sympathie:

Eine weitere Grundlage für Missverständnisse bietet der von Smith in TMS verwendete Begriff der „sympathy". Adam-Smith-Forscher deuten nämlich „sympathy" eher als Einfühlungsvermögen bzw. Anteilnahme.[112] Gemäß dieser Lesart könne also eine Gesellschaft nicht funktionieren, wenn die Menschen sich nicht Kraft ihrer Vorstellung in andere hineinversetzen (einfühlen).[113]

Dabei bringt Smith den sogenannten „Unparteiischen Zuschauer" („impartial inspectator") ins Spiel, der seine eigenen Handlungen gleichermaßen kritisch beurteilen soll, wie er die anderer Menschen auch beurteilt.[114]

Das folgende Zitat aus Smith' TMS bestätigt die Sichtweise bezüglich des Sympathie-Begriffs: *„Man mag den Menschen für noch so egoistisch halten, es liegen doch offenbar gewisse Prinzipien in seiner Natur, die ihn dazu bestimmen, an dem Schicksal anderer Anteil zu nehmen, und die ihm selbst die Glückseligkeit dieser anderen zum Bedürfnis machen, obgleich er keinen anderen Vorteil daraus zieht als das Vergnügen, Zeuge davon zu sein."*[115]

111 Vgl. Aßländer (2007), S. 156.
112 Vgl. Ziegler (1998), S. 112; vgl. Sturn (2008), S. 80.
113 Eine wichtige Voraussetzung für die gesellschaftliche Etablierung von Moral als einen fundamentalen Wert ist für Smith das intensive Studium von philosophisch-ethischen Werken bereits in der Schule. Vgl. Sturn (2008), S. 81.
114 Vgl. Smith (1977), S. 166ff. Das Konzept des unparteiischen Zuschauers diente Immanuel Kant später als Grundlage seines „Kategorischen Imperativs". Vgl. Fleischacker (2005), S. 115; vgl. Aßländer (2007), S. 174ff.
115 Smith (1977), S. 508

3.) Laissez-faire-Prinzip:

Es wird behauptet, Smith' Staatsverständnis habe sich durch seinen Kontakt mit den Französischen Liberalen zum „Laissez-faire" hin verändert. Gegen einen solchen Meinungsumschwung bei Smith bezüglich des Laissez-faire-Prinzips spricht, dass Smith die „Laissez-faire"-Parole der Physiokraten[116] schon in einer Vorlesung 1763, also vor seinem Frankreichaufenthalt (1764-66) gebrauchte.[117]

4.) Umschwung-Debatte

Smith hat nicht, wie häufig behauptet, erst nach seiner Frankreichreise an „*Wealth of Nations*" zu schreiben begonnen, sondern schon davor. Und es ist auch nachweisbar, dass zentrale Ideen aus WN schon vor seiner Reise in seinen Vorlesungen ihren Niederschlag fanden.[118]

Außerdem zeigen Smith' Korrekturen für die dritte Auflage von TMS gleich nach seinem Frankreichaufenthalt und nochmals kurz vor seinem Tod keinen Sinneswandel weg von einer moralphilosophischen Leitlinie hin zu einer ökonomischen.[119]

Es ist zudem überliefert, dass Smith TMS als das bedeutendere seiner beiden Hauptwerke angesehen hat.[120]

Ein letzter Beleg gegen die Umschwung-Theorie ist die Tatsache, dass Smith eigentlich geplant hatte, mehrere zunächst voneinander getrennte Werke zu bestimmten Gesellschaftsthemen zu schreiben, um diese am Ende zu einem umfassenden Regelwerk des menschlichen Zusammenlebens zusammenzuführen. So existiert auch ein briefliches Zeugnis von Smith, aus dem hervorgeht, dass er ein drittes großes Werk mit dem Schwerpunkt „Rechtswesen" plante, welches die syste-

116 Die Parole „*Laissez faire, laissez passer, le monde va de lui même!*" (dt.: „Lasst es geschehen, lasst es vorübergehen, die Welt wird von alleine weitergehen»") stammt vermutlich von Jacques Turgots Lehrer Vincent de Gornay und wurde durch Quesnay zum Leitmotiv der Physiokratie. Vgl. Koesters (1985), S. 29; Vgl. Peters (2002), S. 98, S. 108.

117 Vgl. Schmölders (1982), S. 428.

118 Vgl. Aßländer (2007), S. 148f., S. 151f.

119 Vgl. Aßländer (2007), S. 149ff.

120 Vgl. Sturn (2008), S. 85; vgl. Aßländer (2007), S. 177.

matische Lücke zwischen den beiden ersten Hauptwerken schließen sollte.[121]

Vor diesem Hintergrund ist es sogar durchaus nachvollziehbar, dass seine Schriften, die sich jeweils unterschiedlichen Wissensdisziplinen annahmen, dann auch in bestimmten Teilaspekten widersprechen können. Werden TMS und WN als ein Gesamtwerk betrachtet, lassen sich vier Korrektive ausmachen, die erst das Funktionieren eines Marktes gewährleisten.[122]

1.) Mitgefühl (sympathy) der Menschen untereinander;
2.) allgemein anerkannte und freiwillig befolgte Regeln der Ethik;
3.) ein funktionierendes Rechtssystem und
4.) ein intakter Wettbewerb.

Das sogenannte „Adam-Smith-Problem", mit dem versucht wurde, aus Smith einen Laissez-faire-Liberalisten zu machen, ist somit aufgrund der vielen Gegenargumente als nicht existent zu betrachten. Der Adam-Smith-Experte David D. Raphael und sein Coautor Alec Macfie bringen diese Erkenntnis wie folgt zum Ausdruck: *„The so-called ‚Adam-Smith Problem' was a pseudo-problem based on ignorance and misunderstanding."*[123]

Der nächste Abschnitt möchte anhand von Zitaten aufzeigen, dass sogar in Smith' ökonomischen Werk *„Wealth of Nations"* genügend Belege existieren, die gegen das Laissez-faire-Prinzip sprechen.

2.5.2. *„Wealth of Nations"* – Die Grundlage für eine Laissez-faire-Ökonomie?

In diesem Abschnitt wird der Begründer des Klassischen Liberalismus noch einmal selbst in Bezug auf die Laissez-faire-Frage zu Wort kommen. Dabei soll mit Hilfe dreier vorangestellter Thesen, die Smith häufig zugeschrieben werden, überprüft werden, ob sie mit seinen Positionen tatsächlich uneingeschränkt übereinstimmen.

121 Vgl. Sturn (2008), S. 70; vgl. Aßländer (2007), S. 150 f.; vgl. Ziegler (1998), S. 111.
122 Vgl. Drexl (1998), S. 93.
123 Raphael/Macfie (1984), S. 20; vgl. Aßländer (2007), S. 152.

1. These: Voraussetzung für Wohlstandsmehrung sind Egoismus und persönlicher Eigennutz

Den Anfang hierzu macht ein berühmtes Smith-Zitat gleich zu Beginn von WN, in dem er sich scheinbar für den Egoismus der Gesellschaftsmitglieder ausspricht:

> *„Nicht vom Wohlwollen des Metzgers, Brauers und Bäckers erwarten wir das, was wir zum Essen brauchen, sondern davon, dass sie ihre eigenen Interessen verfolgen Wir wenden uns nicht an ihre Menschen- sondern an ihre Eigenliebe, und wir erwähnen nicht die eigenen Bedürfnisse, sondern sprechen von ihrem Vorteil."*[124]

Doch es folgt, was meist unterschlagen wird, noch ein weiterer Satz: *„Niemand möchte weitgehend vom Wohlwollen seiner Mitmenschen abhängen, außer einem Bettler, und selbst der verlässt sich nicht allein darauf."*[125]

Im Grunde genommen besagt diese Auslassung lediglich, dass Smith zunächst an die Selbständigkeit eines jeden Menschen appelliert; d.h. jeder soll sich zunächst bemühen, unabhängig von anderen Mitmenschen sich selbst versorgen zu können.

Der Aussage, dass das Eigeninteresse zu einer Verbesserung des Wohlstands führt, widerspricht Smith an anderer Stelle sogar vehement. So erklärt er u.a., dass die Interessen von Geschäftsleuten *„niemals dem öffentlichem Wohl"* dienen und sie *„in der Regel vielmehr daran interessiert seien, die Allgemeinheit zu missbrauchen."*[126]

2. These: Eine weitgehend vom Staatseinfluss befreite Wirtschaft fördert den Wohlstand der Menschen und sorgt zugleich für eine gerechtere Gesellschaftsordnung.

Smith beklagt, dass Rente und Kapitalgewinn den Landarbeiter-Lohn aufzehren und Grundbesitzer und Kapitalisten die untere Schicht unterdrücken.[127]

---

124 Smith (1974), S. 17
125 Smith (1974), S. 17
126 Vgl. Smith (1974), S. 213.
127 Vgl. Smith (1974), S. 474.

Zudem kritisiert er, dass Landbesitzer, ohne selbst eine Leistung zu erbringen, einfach durch ihren Boden ein Einkommen beziehen.[128]

Und was Smith von Kapitalisten wirklich hält, belegt das folgende Zitat sehr eindrucksvoll: *„Aber ich wage zu behaupten, dass die grausamsten unserer Steuergesetze noch milde und menschlich im Vergleich zu einzelnen Gesetzen sind, die unsere Kaufleute und Fabrikanten durch lautes Klagen bei der Legislative durchgesetzt haben, um die eigenen unsinnigen und ausbeuterischen Monopole zu stützen. Wie von den Gesetzen Drakos, so mag man auch ihnen sagen, sie seien alle mit Blut geschrieben."*[129]

In WN erläutert Smith sehr ausgiebig, dass höhere Löhne sinnvoll und nützlich seien entgegen der Auffassung der Unternehmer:

> *„Der Mensch ist darauf angewiesen, von seiner Arbeit zu leben, und sein Lohn muss mindestens so hoch sein, dass er davon existieren kann. Meistens muss er sogar noch höher sein, da es dem Arbeiter sonst nicht möglich wäre, eine Familie zu gründen; [...] Aus diesem Grunde scheint Cantillon anzunehmen, dass der einfache Arbeiter der untersten Schicht mindestens doppelt so viel verdienen müsse, wie er für den eigenen Lebensunterhalt benötigt, damit Mann und Frau imstande sind, zwei Kinder aufzuziehen. Dabei kann die Frau, so wird unterstellt, nur für ihren eigenen Unterhalt arbeiten, da sie ja auch die Kinder versorgen muss."* [130]

Damit liefert Smith ein klares Bekenntnis für einen recht großzügig bemessenen Mindestlohn, obgleich er einschränkt, dass eine gesetzliche Festlegung der Lohnhöhe niemals zu vernünftigen Ergebnissen führen könne.[131]

Außerdem erkennt Smith bereits die Bedeutung hoher Löhne für eine funktionierende Binnenkonjunktur:

> *„Ist diese Verbesserung der Lebensumstände der unteren Schichten auch für die Gesellschaft als ganzes vorteilhaft oder nachteilig? Dienstboten, Tagelöhner und Arbeiter bilden die Masse der Bevölkerung eines jeden Landes, so dass man deren verbesserte Lebensla-*

128 Vgl. Smith (1974), S. 211.
129 Smith (1974), S. 546f.
130 Smith (1974), S. 59.
131 Vgl. Smith (1974), S. 67.

ge wohl niemals als Nachteil für das Ganze betrachten kann. Und ganz sicher kann keine Nation blühen und gedeihen, deren Bevölkerung weithin in Armut und Elend lebt. Es ist zudem nicht mehr als recht und billig, wenn diejenigen, die alle ernähren, kleiden und mit Wohnung versorgen, soviel vom Ertrag der eigenen Arbeit bekommen sollen, dass sie sich selbst richtig ernähren, ordentlich kleiden und anständig wohnen können." [132] Zudem würde laut Smith die Arbeit aller geachteten Berufe viel zu gering entlohnt.[133]

Smith fasst, an die Adresse der Unternehmer gerichtet, zusammen: *„Über hohe Löhne klagen, heißt daher nichts anderes, als über die notwendige Folge und Ursache höchster Prosperität des Landes jammern."* [134]

Und Smith prangert neben dem zu niedrigen Lohnniveau auch die miserablen Arbeitsbedingungen und die damit verbundenen gesundheitlichen Folgen wie z.B. Berufskrankheiten durch körperliche Ausbeutung der Arbeiter an.[135]

3. These: Der Staat darf nicht in den Wirtschaftsprozess eingreifen:

Smith verurteilt an unzähligen Stellen in WN mit zum Teil sehr scharfen Formulierungen, dass die Unternehmer sich häufig in Monopolen zusammenschließen und sich sogar in Kartellen gegen die Gesellschaft verschwören, während es den Arbeitern dagegen gesetzlich untersagt sei, sich in Gewerkschaften (Vereinigungen) zusammenzuschließen.[136] Damit seien die Unternehmer meist auch in der Lage, bei Lohnkonflikten ihre Interessen zum Nachteil der Arbeiter durchzusetzen.[137]

Teilweise würden sogar durch ökonomischen Machtmissbrauch, Lobbyismus und Korruption Regierung, Parlament und Legislative massiv bedroht und unter Druck gesetzt.[138]

An dieser Stelle zeigt sich, dass Smith schon rund 70 Jahre vor Realisierung des Laissez-faire-Liberalismus erahnte, dass eine Wirtschaftsord-

132 Smith (1974), S. 68.
133 Vgl. Smith (1974), S. 86.
134 Smith (1974), S. 70.
135 Vgl. Smith (1974), S. 71.
136 Vgl. Smith (1974), S. 58, S. 112, S. 124, S. 368, S. 407, S. 503, S. 516
137 Vgl. Smith (1974), S. 58.
138 Vgl. Smith (1974), S. 385f.

nung gemäß dem Laissez-faire-Prinzip die Demokratie und Freiheit massiv bedrohen und einschränken würde.

Wenig bekannt ist auch der Umstand, dass sich Smith für eine strikte staatliche Regulierung des Bankensektors einsetzte.[139]

Viele seiner kritischen Äußerungen lassen erkennen, dass schon zu Smith' Zeiten ähnliche Finanzkrisen durch Fehlverhalten bei z.B. der Kreditvergabe ausgelöst worden sind, wie es auch in der gegenwärtigen globalen Wirtschaftskrise der Fall ist.[140]

Auch hierzu soll eine Auswahl an repräsentativen Textstellen vorgestellt werden: Zunächst übt Smith Kritik an der Geldpolitik und den damit verbundenen Inflationsrisiken.[141] Bei der Festlegung eines verbindlichen Zinssatzes sieht Smith eindeutig den Staat in der Pflicht. So fordert er einen gesetzlichen Höchstzins von 5%.[142]

Ein weiteres sehr bemerkenswertes Zitat zur Regulierung des Finanzsektors verdeutlicht, dass Smith durchaus die Notwendigkeit sah, den Wirtschaftsliberalismus durch den Staat zu beschränken:

> *„Man könnte nun einwenden, es sei eine handfeste Verletzung der persönlichen Freiheit, die das Gesetz ja im Grunde schützen anstatt einschränken sollte […]. Solche Vorschriften [gemeint sind hier Bankregelungen] mögen, ohne Zweifel, in gewisser Hinsicht als eine Verletzung der persönlichen Freiheit betrachtet werden, doch wenn einige wenige dieses Naturrecht so ausüben, dass sie die Sicherheit des ganzen Landes gefährden können, so schränkt jede Regierung, die liberalste wie die diktatorischste, dieses Recht gesetzlich ein, und zwar ganz zu Recht. Auch die Vorschrift zum Bau einer gemeinsamen Brandmauer, um das Übergreifen von Feuer zu verhindern, verletzt die persönliche Freiheit genau auf diese Art."* [143]

---

139 Vgl. Smith (1974), S. 264, S. 271, S. 642f.

140 Natürlich muss an dieser Stelle differenziert werden, dass die tiefere Ursache der aktuellen Weltwirtschaftskrise eine Krise der strukturellen Überakkumulation ist und die Krise im Bankensektor somit nur ein Auslöser war.

141 Vgl. Smith (1974), S. 248f., S. 258, S. 260.

142 Vgl. Smith (1974), S. 294.

143 Smith (1974), S. 267.

Ein weiterer Beleg dafür, dass Smith dem Staat eine übergeordnete Stellung beimisst, ist die Tatsache, dass er allein dem Thema Steuern einen großen Abschnitt im fünften Buch von WN widmet. Darin befürwortet Smith u.a., dass die Steuerhöhe sich an der Leistungsfähigkeit der Bürger orientieren solle, was auch eine Umverteilungsfunktion von Steuern impliziert.[144]

So heißt es bei Smith: „*Die Bürger eines jeden Landes sollten eigentlich zur Finanzierung der öffentlichen Aufgaben soweit als möglich im Verhältnis zu ihren Fähigkeiten beisteuern, was bedeutet, dass sich ihr Beitrag nach dem Einkommen richten sollte, das sie jeweils unter dem Schutz des Staates erzielen.*“[145]

Die praktische Umsetzung von Smith' Vorstellung bezüglich der Besteuerung erläutert Dieter Eißel: „*Allerdings meinte dies nicht schon den Progressionstarif, sondern anstelle eines gleichen Steuerbetrags für Arm und Reich eine proportionale, absolut steigende Steuerlast.*“ [146]

---

144 Vgl. Aßländer (2007), S. 138ff.
145 Smith (1974), S. 703.
146 Eißel (1997), S. 130f.

3. David Ricardo - Der pessimistische Liberalist

3.1. David Ricardo - Leben und Werk

David Ricardo (1772-1823) entstammte einer holländisch-jüdischen Börsenmaklerfamilie, die kurz vor seiner Geburt 1772 nach England ausgewandert war. Bekannt wurde er zunächst als Börsenhändler und später als Ökonom und Parlamentarier des britischen Unterhauses. Bereits im jungen Alter von 25 Jahren hatte er sich durch ein immenses Vermögen einen Namen in der Londoner Finanzwelt gemacht und durfte sich später zu einem der reichsten Männer Englands zählen.[147]

Obwohl Ricardo niemals eine Universität besucht hat, galt der Autodidakt als der bedeutendste Theoretiker der klassischen englischen Nationalökonomie.[148] Denn durch seinen Einfluss verwandelte er die Politische Ökonomie von einer deskriptiven zu einer analytischen Disziplin.[149] Zugleich gilt Ricardo unstrittig als der einflussreichste Ökonom in der Ära nach Adam Smith. Ricardo verstand ihn als seinen Mentor und übernahm unter anderem seine Lohnfondstheorie, Werttheorie und die von ihm propagierte Freihandelsidee.[150]

Doch Ricardo wird im Gegensatz zu Smith dem Lager der pessimistischen Ökonomen zugerechnet, auch seiner pessimistischen Lohntheorie wegen, die davon ausging, dass die Löhne auf lange Sicht tendenziell sinken würden.[151] Ricardos negative Erwartung zur weiteren ökonomischen Entwicklung wurde tiefgreifend von Thomas Malthus' düsteren Prognosen bezüglich des Bevölkerungswachstums geprägt. Ricardo ging davon aus, dass langfristig aufgrund des Bevölkerungswachstums die Lebensmittelpreise und damit als direkte Folge auch die Löhne steigen würden. Dies würde wiederum den Profit der Unternehmer schmälern und damit zu einer fallenden Profitrate führen. In letzter Konsequenz würde dadurch aber der Anreiz sinken, Kapital zu investieren, und damit wäre die wirtschaftliche Entwicklung der Gesellschaft insgesamt gefährdet.[152] Der Pessimismus kommt bei Ri-

147 Vgl. Eltis (1989), S. 188.
148 Vgl. Linß (2007), S. 35.
149 Vgl. H.D. Kurz (2008), S. 137.
150 Vgl. Peters (2002), S. 111.
151 Vgl. Boelcke (1980), S. 42.
152 Vgl. Koesters (1985), S. 65.

cardo prägnant zum Vorschein, indem er als erster Ökonom die durch den Optimismus der schottischen Moralphilosophie getragene Harmonieautomatik ernsthaft in Zweifel zog.[153]

Laut Ricardo müsse, ähnlich wie schon zuvor von Smith beschrieben, das Existenzminimum („natürlicher Preis der Arbeit") auf einem Niveau liegen, bei dem ein Arbeiter sich selbst versorgen kann und noch in die Lage versetzt wird, damit zusätzlich eine Familie zu gründen und diese dann auch noch zu versorgen. Dabei sollte das Existenzminimum möglichst auf einem Niveau liegen, bei dem die Arbeiterzahl in etwa konstant bleibt.[154]

Dieses Existenzminimum entspräche, auf die heutige Zeit übertragen, quasi einem Mindestlohn, der jedoch deutlich über der heutigen Grundsicherung liegen würde. Denn die Höhe dieses Existenzminimums wird von Ricardo wie folgt präzisiert: *„Daher hängt der natürliche Preis der Arbeit von dem Preise der Lebensmittel, Bedarfsartikel und Annehmlichkeiten ab, die zum Unterhalt des Arbeiters und seiner Familie notwendig sind."*[155]

Doch ist Ricardo gleichermaßen wie Smith gegen einen gesetzlichen Mindestlohn. Er geht davon aus, dass sich durch Wettbewerb auf dem freien Markt der Lohn von selbst auf dem Niveau des entsprechenden Existenzminimums konsolidieren würde.[156] Ricardo wendet sich zudem, von Smith und vor allem Malthus beeinflusst, gegen die Armengesetze[157], die auf die heutige Zeit übertragen der Grundsicherung entsprechen würden.

Er sieht in den Armengesetzen einen Nachteil für die Armen selbst hinsichtlich der fehlenden Motivation, das Beste aus ihrem Leben zu machen, wenn sie alternativ eine staatliche Unterstützung beziehen könnten.[158]

Wie bereits erwähnt, war Ricardo weitaus skeptischer als Smith, da er in Anlehnung an Thomas Malthus' Knappheitsökonomie bereits die

153 Vgl. Boelcke (1980), S. 42 f.
154 Vgl. Ricardo (1980), S. 81.
155 Ricardo (1980), S. 81.
156 Vgl. Ricardo (1980), S. 89f.
157 Vgl. Ricardo (1980), S. 90f.
158 Vgl. Ricardo (1980), S. 90f.

natürlichen Grenzen des Wachstums erkannte.[159] Deshalb argumentiert Ricardo auch gegen Getreidezölle („Corn Laws"), da eine solche Importbeschränkung primär die inländische Profitrate senke und damit wiederum die Rate der Kapitalakkumulation und am Ende auch das wirtschaftliche Wachstum.[160]

Altvater betrachtet diese argumentative Ausrichtung auf das Wachstum innerhalb von Ricardos Modell jedoch als überbewertet. Er gibt zu bedenken: *„Zwar war bewusst, dass der Anstieg der Arbeitsproduktivität nur möglich ist, wenn immer mehr Arbeiter durch Kapital ersetzt und freigesetzt werden. Ricardo war optimistisch und ging davon aus, dass die Freisetzungen - durch Wachstum - kompensiert werden könnten."*[161]

Doch sollte an dieser Stelle nicht unerwähnt bleiben, dass „Wachstum" als Schlüsselkategorie einer Ökonomie im Klassischen Liberalismus von Smith und Ricardo noch keine zentrale Rolle spielte, wie auch Altvater selbst einräumt.[162]

Um Ricardos Haltung nachvollziehen zu können, darf wie schon bei Smith der historische Kontext nicht außer Acht gelassen werden. Auch Ricardo wurde wie schon sein theoretischer Vorläufer durch die ökonomischen Verhältnisse seiner Zeit nachhaltig geprägt. Ricardos ökonomische Überlegungen entstanden in der Endphase der Napoleonischen Kriege (1792-1815). Seine Lehre beruht wesentlich auf den Erfahrungen der wirtschaftlichen Schwierigkeiten, die infolge der von Napoleon gegen England verhängten Kontinentalsperre vor allem der ärmeren Bevölkerung Englands schwer zusetzten.

---

159 Vgl. Boelcke (1980), S. 42.

160 Vgl. H.D. Kurz (2008), S.121.

161 Altvater (2007), S. 96. In diesem Punkt durchbricht Ricardo den Pessimismus.

162 *„Noch in der klassischen Politischen Ökonomie von Adam Smith oder David Ricardo spielt Wachstum im Unterschied zu Verteilung keine herausgehobene Rolle. Die Kategorie gab es einfach nicht im Kanon der politischen Ökonomie."* Altvater (2007), S. 96.

3.2. Ökonomisches Modell von Ricardo

Aufbauend auf Adam Smith entwickelte auch David Ricardo ein geschlossenes System der Volkswirtschaftslehre, welches im Kern aus den fünf im Folgenden angeführten Hauptelementen besteht[163] und auf die nun im Einzelnen näher eingegangen wird:

1.) Quantitative Geldtheorie
2.) Werttheorie
3.) Theorie der Bodenrente
4.) Entwicklungsgesetz der Einkommensverteilung
5.) Theorem der komparativen Kostenvorteile

3.2.1. Quantitative Geldtheorie

Zwischen 1809 und 1816 veröffentlichte David Ricardo seine ersten ökonomischen Essays, in denen er sich geldtheoretischen Überlegungen widmete, zunächst mit Schwerpunkt auf der Inflations-Problematik.[164] Ricardo erkannte, dass die Ursache für den Preisanstieg von Waren auf eine erhöhte Geldmenge zurückzuführen sei, die aufgrund einer exzessiven Notenausgabe der Bank of England zustande gekommen war, und forderte daher die Rückkehr zu einer am Goldstandard orientierten Währung[165]. Um eine konstante Geldmenge auf Dauer zu gewährleisten, forderte Ricardo schon im Jahre 1823, kurz vor seinem Tod, eine von privaten Gewinninteressen unabhängige Nationalbank, die die Bank of England entmachtet. Eine solche Bank dürfte im Gegensatz zur Bank of England ihre Gewinne, die eigentlich dem Volk zustehen, nicht an Aktionäre ausschütten und sollte zwar im Auftrag, aber dennoch unabhängig von der Regierung agieren.[166] Ricardo ist in diesem Zusammenhang auch als einer der Hauptvertreter der Currency-Schule bekannt geworden, die im Gegensatz zu der Banking-Schule eine Geldmengenbegrenzung durch eine Zentralbank für erforderlich hielten.[167]

163 Vgl. *Gabler Wirtschaftslexikon* (2004), S. 2554.
164 Die Inflation war eine der ökonomischen Folgen der Napoleonischen Kriege.
165 Vgl. Holub (2006), S. 180f.
166 Vgl. H.D. Kurz (2008), S. 123.
167 Vgl. *Gabler Wirtschaftslexikon* (2004), S.311, S. 636.

Es ist im Nachhinein Ricardos Engagement zuzuschreiben, dass nach einem ersten Scheitern 1819 dann 1844 mit der zweiten sogenannten Peel'schen Bankakte die Bank of England wieder zum Goldstandard verpflichtet wurde.[168]

Des Weiteren kann zum bleibenden Vermächtnis Ricardos seine „Quantitative Geldtheorie" gezählt werden. Gemäß dieser Lehre verfügt ein Staat über die Geldmenge, die genau seinen Bedarf deckt. Diese gegebene Geldmenge trifft dabei auf eine Menge von produzierten Waren. Aus dem Verhältnis von Geldmenge und Warenmenge ergibt sich der (inländische) Preis.[169] Mit Hilfe von Ricardos Quantitätstheorie konnten fortan auch Wechselkursschwankungen theoretisch erklärt und zuverlässiger vorhergesagt werden.

Viele der geldtheoretischen Überlegungen Ricardos haben bis in die heutige Zeit nichts von ihrer Gültigkeit verloren. Denn Ricardo benannte als erster die Umlaufgeschwindigkeit des Geldes als eine relevante Größe für das Preisniveau.[170] Interessant ist in diesem Zusammenhang, dass Ricardo bestritt, dass eine Geldmengenerhöhung einen Einfluss auf die Umlaufgeschwindigkeit habe und dass damit die Produktionsmenge gesteigert werden könne.[171]

Auch eine sehr bemerkenswerte Tatsache ist, dass der selbst sehr vermögende Ricardo sich 1820 für eine zeitlich begrenzte Vermögensteuer ausspricht, um so die gigantische Staatsverschuldung, fast 300% (!) des Volkseinkommens, abzubauen.[172] Dabei sieht er allein die Vermögenden des Landes in der Pflicht die Schuldentilgung des Staates zu übernehmen, da die einfache Bevölkerung nur über ein Vermögen in Höhe des Existenzminimums verfügt. Der Staat musste damals jedes Jahr 10% des Volkseinkommens allein für die Zinsen der Staats-

168 Vgl. Ziegler (1998), S. 118f. Die Peel'sche Bankakte steht für ein Bankgesetz, das die englische Währung wieder an die Golddeckung binden sollte. Sie geht auf den Staatsmann Robert Peel, der auch der Begründer der Konservativen Partei in Großbritannien war, zurück. Vgl. Ziegler (1998), S. 118f.; vgl. Holub (2006), S. 167f.

169 Vgl. Koesters (1985), S. 58f.

170 Diese Überlegung wurde später von den neoliberalen Monetaristen wie Milton Friedman aufgegriffen, indem die Geldmenge mit Hilfe von hohen Zinsen knapp gehalten wurde, mit dem Ziel die Inflation zu bremsen. Vgl. Weitz (2008), S. 56; vgl. Koesters (1985), S. 59.

171 Vgl. Holub (2006), S. 180f. Damit sind Ricardos Erkenntnisse nach wie vor von größter Aktualität, angesichts der aktuellen Weltwirtschaftskrise.

172 Vgl. Eltis (1989), S. 204.

schulden aufwenden, was letztlich nach Ricardos Verständnis nur über Steuererhöhungen ausgeglichen werden könne.[173] Gemäß Ricardos Logik würde eine einmalige Steuererhöhung in der Gegenwart später zu geringeren Steuern führen und umgekehrt eine Steuersenkung heute zu einer späteren Steuererhöhung führen. Auf die Lebenszeit bezogen handelt es sich also um keine echte Steuererhöhung und würde somit auch nicht die besitzende Klasse übermäßig belasten. In der Fachliteratur werden diese Vorstellungen als das Ricardo-Barro-Äquivalenztheorem bezeichnet.[174] Gemäß dem Theorem würden somit Steuersenkungen nicht zu vermehrten Konsum, sondern nur zu erhöhten Ersparnissen führen.

3.2.2. Die Werttheorie nach Ricardo

Auf der Suche nach Maßstäben für die objektive Bewertung von Gütern übernahm Ricardo die von Smith entwickelte Arbeitswerttheorie als Basis für seine eigene Theorie und verfeinerte diese weiter. Nach Smith hat der Begriff „Wert" zwei unterschiedliche Bedeutungen: Zum einen wird durch ihn die Nützlichkeit eines bestimmten Gegenstandes ausgedrückt und zum anderen die Fähigkeit, andere Waren zu kaufen, die durch Besitz dieses Gegenstandes verliehen werden.[175] Wie Smith ging Ricardo davon aus, dass der Wert eines Gutes allein durch die quantitative menschliche Arbeitsleistung bestimmt würde, die zu seiner Produktion notwendig sei.

Die Arbeit wurde von ihm folglich nicht nur als Wertursache, sondern vor allem als Wertmaßstab in Geldeinheiten angesehen.[176]

So machte Ricardo die Feststellung, dass *„der Wert eines Gutes oder die Menge irgendeines anderen, für welches es sich austauschen lässt, [...] von der verhältnismäßigen Menge der zu seiner Produktion erforderlichen Arbeit ab*[-hängt] *und nicht von der größeren oder geringeren Vergütung, die für diese Arbeit bezahlt wird."*[177]

Zur Veranschaulichung seiner Arbeitswertlehre bediente sich Ricardo des schon von Adam Smith beschriebenen „Biber-Hirsch-Beispiels", bei dem in einer primitiven Gesellschaft die Jagd auf einen Biber dop-

173 Vgl. Eltis (1989), S. 204.
174 Vgl. H.D. Kurz (2008), S. 123.
175 Vgl. Hofmann (1979), S. 43.
176 Vgl. Holub (2006), S. 171.
177 Ricardo (1980), S. 35.

pelt soviel Zeit in Anspruch nimmt, wie die auf einen Hirsch. Danach betrüge der Wert des Bibers das Doppelte von dem eines Hirsches.[178]

a) Gebrauchs- und Tauschwert

Auch die Unterscheidung zwischen Gebrauchs- und Tauschwert von Gütern übernahm Ricardo von Smith und vertiefte dessen Überlegungen, wobei er jedoch den Fokus mehr auf den Tauschwert legte.[179]

Dabei erweiterte er Smith' Ansatz, indem er Güter hinsichtlich ihrer Seltenheit und Reproduzierbarkeit differenzierte. Ricardo stellte hierzu fest: *„Die Dinge, die den höchsten Gebrauchswert haben, besitzen häufig nur einen geringen oder gar keinen Tauschwert."*[180]

Analog zum Smithschen Wertparadoxon bzw. Wasser-Diamanten-Paradoxon veranschaulicht Ricardo dies am Beispiel von Wasser und Luft, die für die Existenz des Menschen zwar unentbehrlich seien, aber hinsichtlich ihres Austausches gegen eine andere Ware unter normalen Umständen keinen Wert darstellen. Im Gegensatz dazu habe wiederum Gold einen hohen Tauschwert gegenüber anderen Waren, obwohl es über keinen vergleichbaren existentiellen Nutzen wie etwa Wasser und Luft verfüge. Die Nützlichkeit könne also nur als ein notwendiges Element, jedoch nicht als ein brauchbarer Maßstab, mit dem der Tauschwert bestimmt wird, angesehen werden. Vielmehr leite sich der Tauschwert einer Ware zum einen von dessen Knappheit und zum anderen von der menschlichen Arbeitskraft ab, die zur Herstellung erforderlich war.[181]

Der Arbeit als dem Bestimmungsfaktor in der Werttheorie wird sich daher die weitere Betrachtung zuwenden.

b) Arbeitswertlehre

Ricardo beschäftigte sich intensiv mit der Fragestellung, wie sich der Tauschwert eindeutig bestimmen lassen könnte. Im Gegensatz zu Smith vertrat Ricardo die Auffassung, dass der Tauschwert allein über die aufgewendete Arbeitszeit bestimmt würde. Ausnahmen seien lediglich Knappheitsgüter, wie z.B. wertvolle Antiquitäten. Bei dieser

178 Vgl. Ricardo (1980), S. 36.; vgl. Hofmann (1979), S. 46.
179 Vgl. Holub (2006), S. 171.
180 Ricardo (1980), S. 35.; vgl. Hofmann (1979), S. 117.
181 Vgl. Ricardo (1980), S. 35.

Art von Gütern sei es vollkommen unerheblich, wieviel Arbeit zur Produktion aufgewendet wurde, denn allein die Nachfrage bestimme ihren Wert.[182]

Smith nahm im Gegensatz dazu an, nur in niedrig entwickelten Ländern sei die Menge der Arbeit der einzige Maßstab für den Tauschwert von Gütern.[183] Dagegen entspräche in hoch entwickelten Ländern, in denen also Kapitalakkumulation betrieben wird und der gesamte Boden in Privatbesitz übergegangen ist, der Tauschwert den Produktionskosten.

Doch diese wiederum setzen sich gleich aus drei verschiedenen Komponenten zusammen[184]: (1) Löhne für aufgewandte Arbeit, (2) Zins für das eingesetzte Kapital und (3) Rente für die Nutzung des Bodens.

Da Ricardo sich für die einfache Arbeit als einzigen Wertmaßstab entschieden hat, müssten demnach alle direkten und indirekten Arbeitsaufwände, die in einer Ware verkörpert sind, auch mit berücksichtigt werden.[185]

So flössen alle aufgewendeten Arbeitszeiten, z.B. für die Herstellung der benötigten Hilfsgeräte und Maschinen, in den Tauschwert ein. Zudem müsse die Abnutzung von Hilfsmitteln wie Maschinen und Hilfsgeräten berücksichtigt werden.[186] In den Arbeitszeiten inbegriffen seien auch nicht produktbezogene Arbeitsmengen, d.h. Arbeitsmengen, die in den Vorleistungen (z.B. Transporte) und anderen Inputs (z.B. Rohstoffgewinnung) des Produktionsprozesses enthalten sind.[187]

Erst die Summe aller Arbeitswerte könne somit ein endgültiges Maß für den Wert einer Ware ergeben.

Da für die Bestimmung des Wertes eines Gutes einzig und allein die erforderliche Arbeitsmenge angesehen wird, könnten auch nur Veränderungen in der Produktivität durch z.B. Einsatz von Maschinen den Wert einer Ware ändern. Dazu heißt es bei Ricardo:

182 Vgl. Ricardo (1980), S. 35f.
183 Vgl. Smith (1974), S. 42.
184 Vgl. Smith (1974), S. 43f.
185 Vgl. Ricardo (1980), S. 44.
186 Vgl. H.D. Kurz (2008), S. 127; vgl. Holub (2006), S. 173.
187 Vgl. Ricardo (1980), S. 43f.

„Der Grundsatz, dass die auf die Produktion von Gütern verwendete Arbeitsmenge deren verhältnismäßigen Wert bestimmt, wird durch die Anwendung von Maschinen und anderen stehenden und dauerhaften Kapitalien wesentlich modifiziert."[188]

Der Wert der Arbeit, d.h. die erforderliche Qualifikation und die Lohnhöhe, ist somit nicht das entscheidende Kriterium für den Tauschwert der Arbeit. Sie beeinflussen lediglich den relativen, jedoch nicht den absoluten Wert.

Ricardo schreibt diesbezüglich, dass *„verschieden qualifizierte Arbeit [...] verschieden vergütet* [wird], *was jedoch keine Ursache für eine Veränderung im verhältnismäßigen Wert von Gütern ist."*[189]

c) Die Suche nach einem unveränderlichen Wertmaßstab

Aufgrund der Tatsache, dass sich Güter in ihrem relativen Wert verändern, war es Ricardos Bestreben, einen unveränderlichen Normalwertmaßstab ausfindig zu machen, der nicht dem Einfluss von Schwankungen durch andere Güter unterworfen war. Erst dadurch würde es möglich sein, bei relativen Wertänderungen zweier Güter zueinander, festzustellen, welche Ware wirklich ihren Wert verändert hat.[190]

Ricardo kommt zu dem Ergebnis, dass kein Gut jemals existieren würde, das einen vollendeten Wertmaßstab für alle bestehenden Güter bildet. Als behelfsmäßige Notlösung für einen Wertmaßstab wählte er schließlich Gold.[191] Diese für Ricardo unbefriedigende Lösung beschäftigte ihn den Rest seines Lebens.[192]

Abschließend kann festgehalten werden, dass auch Ricardo letztlich eine Produktionskostentheorie vertrat.[193] Damit werden bei den drei Klassikern Smith, Ricardo und später auch bei Marx die Preise durch objektive Größen bestimmt, nämlich durch die gesellschaftlich notwendigen Produktionskosten. Dieser klassische Ansatz zur Bestimmung relativer Preise wird häufig auch als objektive Wertlehre be-

188 Vgl. Ricardo (1980), S. 48.
189 Ricardo (1980), S. 41.
190 Vgl. Holub (2006), S. 173.
191 Vgl. Ricardo (1980), S. 58 ff.
192 Vgl. Helmedag (1992), S. 146.
193 Vgl. Holub (2006), S. 173.

zeichnet, während die auf Grenznutzen ausgerichtete Neoklassik als subjektive Wertlehre tituliert wird.[194]

3.2.3. Theorie der Boden- bzw. Grundrente

Der historische Ausgangspunkt für Ricardo waren die steigenden Getreidepreise während der Napoleonischen Kriege. Denn aufgrund des von Malthus prognostizierten Bevölkerungswachstums und der Kontinentalsperre mussten auch immer mehr unfruchtbarere Böden landwirtschaftlich bebaut werden.[195]

Doch zunächst zur Definition der Grundrente: Sie ist *„der Preis für die Nutzung von Grund und Boden, der von landwirtschaftlichen Pächtern an die Grundeigentümer (landlords) bezahlt wird."*[196] Durch die schlechtere Bodenqualität sinken für die Pächter die Überschüsse (surplus), die wiederum für Grundrente und Profit verwendet werden. Der sogenannte Grenzproduzent, d.h. der Pächter mit dem schlechtesten Boden (Grenzboden), kann nach Abzug der Arbeitskosten (Löhne) den restlichen Überschuss (Profit) für sich allein behalten, ohne noch eine Grundrente an den Grundeigentümer bezahlen zu müssen. Über den Grenzboden wird sowohl die allgemeine Profitrate als auch der Getreidepreis festgelegt.[197] Alle Pächter mit höherer Bodenqualität müssen jedoch, damit die Konkurrenzbedingungen gewährleistet bleiben, den über dem Grenzproduzenten liegenden Überschuss an die Grundbesitzer abführen. Diese in Abhängigkeit von der Bodenqualität variierende Grundrente bezeichnete Ricardo als die Differentialrente.[198] Dies bedeutet im Umkehrschluss, dass mit zunehmender landwirtschaftlicher Bodennutzung die Profitrate für die Pächter fällt, denn der zu erzielende Preis für Getreide ist für alle Pächter identisch. Um dem Problem der fallenden Profitrate zumindest für eine gewisse Zeit Herr zu werden, spricht sich Ricardo gemäß seiner Freihandelslehre für die Aufhebung der Getreidezölle aus, um damit billiges Getreide importieren zu können. Jedoch wurde die gesetzliche Realisierung von den Landlords verhindert.[199] Ricardo beklagte, dass, bedingt durch die ge-

194 Vgl. Heine/Herr (2003), S. 235.
195 Dadurch kam Anne-Robert-Jacques Turgots (1727-1781) Gesetz des abnehmenden Grenzertrages zur Geltung. Vgl. Ziegler (1998), S. 113.
196 Ziegler (1998), S. 113; vgl. Ricardo (1980), S. 65.
197 Vgl. Ricardo (1980), S. 71; vgl. Ziegler (1998), S. 113.
198 Vgl. Ricardo (1980), S. 75
199 Vgl. Koesters (1985), S. 63.

sellschaftliche Konstellation, die Grundbesitzer ihre Interessen zum Schaden der Arbeiter und Kapitalisten durchsetzen könnten.[200]

Zusammenfassend kann festgestellt werden, dass bei Ricardo im Vergleich zu Smith die Grundrente nicht als Kostenbestandteil gesehen wird, welcher die Getreidepreise beeinflusst. So ist die Rente nicht Ursache, sondern Folge des steigenden Preises. Da laut Ricardo der Getreidepreis durch den Grenzboden bestimmt wird, kann die Grundrente auch nicht als Preisbestandteil betrachtet werden.[201]

3.2.4. Entwicklungsgesetz der Einkommensverteilung

Direkt auf der Theorie der Bodenrente aufbauend, leitete Ricardo auch seine Theorie von der Einkommensverteilung ab. Darin untersuchte Ricardo, nach welchen Gesetzen das Volkseinkommen, bestehend aus Lohn, Profit und Grundrente, unter den einzelnen gesellschaftlichen Klassen verteilt wird. Für Ricardo hatte dieses Gesetz oberste Priorität, wie aus seinem Vorwort zu entnehmen ist: *„Die Gesetze aufzufinden, welche diese Verteilung bestimmen, ist das Hauptproblem der Volkswirtschaftslehre."*[202]

Ricardo geht also von einem unvermeidbaren Konflikt zwischen den drei Klassen aus und nimmt damit schon den Klassenkampf in Marx' Theorie vorweg.

Die schärfste Rivalität besteht laut Ricardo dabei zwischen Grundherren und Kapitaleignern. Der Kampf um die Verteilung des Volkseigentums werde jedoch langfristig zugunsten der Grundeigentümer entschieden.[203]

Ironischerweise ist in Ricardos Vorstellung am Ende der Kapitalist der große Verlierer in der weiteren Gesellschaftsentwicklung. In diesem Punkt hat Ricardo mit seiner Prognose bzgl. der weiteren ökonomischen Entwicklung der Gesellschaft völlig falsch gelegen. In der Gedankenwelt von Ricardo führt eine fallende Profitrate logischerweise auch zur Benachteiligung und Schwächung der Kapitalisten. Demgemäß geht Ricardo davon aus, dass bei steigender Bevölkerungszahl

200 Vgl. Ricardo (1980), S.246.
201 Vgl. Ricardo (1980), S. 69, S. 71; vgl. H.D. Kurz (2008), S. 129.
202 Ricardo (1980), S.33.
203 Vgl. Ricardo (1985), S. 101, S. 104; vgl. Koesters (1985), S. 50.

die Lebensmittelpreise steigen und damit einhergehend auch die Nominallöhne. Die Kapitaleigentümer müssten deshalb mehr von ihrem Profit dafür aufwenden. Damit sei die natürliche Tendenz des Profits zu fallen.[204]

Als Folge der beschriebenen Entwicklung kämen auch höhere Renten für die Grundbesitzer zustande, die ein Steigen der Löhne verhindern würden.[205] D.h. der Lohn der Arbeiter stagniert langfristig konstant auf dem Niveau des natürlichen Lohns (Existenzminimum).[206]

Ricardo übernahm in seiner Lohntheorie die zynische Sichtweise von seinem Freund Malthus, dass sich bei zu hohen Löhnen die Bevölkerung zu sehr vermehrt. Das dadurch entstandene Überangebot an Arbeit führt dann wiederum zu sinkenden Löhnen. Wenn die Löhne unter den natürlichen Lohn fallen, würde die Bevölkerung durch Hunger und Seuchen folglich auf natürliche Art wieder auf ein gesundes Maß dezimiert.[207] Letztlich werden die Löhne also aufgrund der Bevölkerungsentwicklung tendenziell immer auf den natürlichen Lohn sprich auf das Existenzminimum gedrückt.

3.2.5. Die Theorie der komparativen Kostenvorteile

Die klassische Werttheorie nach Ricardo, wonach der Wert einer Ware nur auf der in ihr enthaltenen Arbeitszeit beruht, wurde von Ricardo auf die internationale Arbeitsteilung übertragen.

Als reale Grundlage diente ihm, ohne dass er den Vertrag je erwähnte, der von 1703 bis 1842 bestehende Methuen-Vertrag zwischen England und Portugal, der einen zollfreien Austausch von britischem Tuch und portugiesischem Wein garantierte.[208]

Auf Grundlage dieses begrenzten Freihandels-Abkommens entwickelte Ricardo 1817 sein berühmtes „Theorem der komparativen Kosten".[209]

---

204 Vgl. Ricardo (1980), S. 100f.
205 Vgl. Ricardo (1980), S. 70f.
206 Vgl. Ricardo (1980), S. 81, S. 86f., S.104; vgl. Weitz (2008), S. 59
207 Vgl. Ricardo S. 82ff.; vgl. H.D. Kurz (2008), S. 130; vgl. Holub (2006), S. 176
208 Vgl. Klump (2002), S. 126f.
209 Wenig bekannt ist, dass bereits 1808 also neun Jahre vor David Ricardo, Robert Torrens große Teile des Theorems entwickelt hatte. Vgl. Wildmann (2007), S. 99.

Danach bestimmen die Arbeitseinheiten, die zur Herstellung von jeweils einer Einheit Tuch und Wein in England bzw. Portugal notwendig sind, den Wert der Waren.[210] Ricardo vertrat die Auffassung, dass jede Nation unterschiedliche Niveaus bezüglich ihrer Arbeitsproduktivität und Löhne besitzt. So soll die Herstellung eines Gutes in Land A weniger Arbeitszeit benötigen als in Land B. Dadurch ist Land A, bezogen auf absolute Zahlen, wettbewerbsfähiger. Für Land A ist es sinnvoll, sich nur auf die komparativ günstiger produzierbaren Güter zu spezialisieren und den Rest der Güter zu importieren. Andernfalls würden die weniger kostengünstig produzierenden Länder ihre Kaufkraft verlieren und ein Erliegen des Handels wäre das Resultat.

Zwar geht Adam Smith anders als Ricardo auf den Methuen-Vertrag in *„Wealth of Nations"* direkt ein, doch kritisiert Smith im Gegensatz zu Ricardo ihn als für England nachteilig; außerdem würden laut Smith dadurch Monopole geschaffen und kein freier Wettbewerb zwischen den Ländern zugelassen. [211]

In diesem Zusammenhang kommt Friedrich List noch zu einer dritten zu Smith und Ricardo völlig konträren Einschätzung. Er kritisierte den Vertrag als schwere Benachteiligung Portugals.[212]

Um aber seine Behauptung zu untermauern, dass beide Länder profitieren, entwickelte Ricardo anhand von England und Portugal und deren Gütern Tuch und Wein ein abstraktes Rechenbeispiel.

Er ging dabei in seinem Beispiel von der Annahme aus, dass Portugal für beide Waren die absoluten Kostenvorteile gegenüber England besaß.[213] Dennoch bringe für Portugal der Handel mit England Vorteile, solange die Kostenrelation zwischen Wein und Tuch unterschiedlich groß sei. Da Portugal vollends auf den Export von Tuch verzichtete, könnte die nun freigesetzte Arbeit in die effizientere Produktion von

210 Vgl. Ricardo (1980), S. 111f.; vgl. Heine/Herr (2003), S. 616.

211 Vgl. Smith (1974), S. 454ff.

212 Vgl. List (2005), S. 85.
Nach List sollten unterentwickelte Länder, wie auch die meisten Staaten des Deutschen Bundes, zunächst durch Zölle geschützt, ihre Wirtschaft ohne internationalen Konkurrenzdruck dem internationalen Standard von Industrienationen anpassen. Diese zeitlich befristete Zollschutzmaßnahme wurde auch Erziehungszoll (infant industry argument) genannt und 1834 durch den Deutschen Zollverein realisiert.

213 Vgl. Ricardo (1980), S. 112; vgl. Niehans (1995), S. 42.

Wein umgeschichtet werden. Es sei für Portugal lohnend, seine zusätzlichen Mengen Wein nach England zu exportieren, um dafür im Austausch eine größere Menge Tuch zu erhalten.[214] England hingegen konzentrierte sich ausschließlich auf die Produktion von Tuch und erhielte von Portugal im Austausch Wein. Für beide Länder sei somit der Handel qualitativ und quantitativ von Nutzen. Ricardo führte zudem an, dass Portugal trotz seiner Kostenvorteile das Tuch in der Menge und Qualität niemals würde produzieren können wie vergleichsweise England. Zusammenfassend lässt sich festhalten, dass in dem Beispiel durch die Spezialisierung die Produktionsmengen für Tuch und Wein bei konstanter Arbeitsmenge gesteigert wurden, im gleichen Verhältnis wie auch die Arbeitsproduktivität infolge der Arbeitsteilung erhöht wurde.

Die notwendige Arbeitszeit pro Wareneinheit vor und nach Einführung des Freihandels

In der folgenden Tabelle 2 wird die benötigte Arbeitszeit pro Einheit Tuch und Wein jeweils in England und Portugal dargestellt.

Vor Einführung des Freihandels benötigte Portugal zur Herstellung einer Einheit Wein 80 und England 200 Arbeitseinheiten, für die Herstellung von Tuch Portugal 90 und England 100 Arbeitseinheiten. Damit hat Portugal in beiden Branchen absolute Kostenvorteile gegenüber England. Dennoch profitiert Portugal von einer Spezialisierung auf die Weinproduktion und England von einer Spezialisierung auf die Tuchproduktion, da Portugal immerhin zehn und England sogar 100 Arbeitseinheiten einsparen würde.

	Portugal		England		Summe	
	vor Handel	nach Handel	vor Handel	nach Handel	vor Handel	nach Handel
Tuch	90	--	100	200	190	200
Wein	80	160	200	--	280	160
Summe	170	160	300	200	470	360

Tabelle 2: Die notwendige Arbeitszeit pro Wareneinheit vor und nach Einführung des Freihandels[215]

214 Vgl. Ricardo (1980), S. 113ff.; vgl. Niehans (1995), S. 42.
215 Heine/Herr (2003), S. 617; vgl. Ricardo (1980), S. 112.

3.3. Kritik am „Theorem der komparativen Kostenvorteile“

Ricardos bis heute anerkannte Theorie der komparativen Kostenvorteile geht also davon aus, dass sich Länder auf ein bestimmtes Gut spezialisieren sollen. Doch genau das kann an diesem Ansatz bemängelt werden. Kritiker entgegnen, dass sich ein Staat mit einer solch einseitigen Ausrichtung vom Ausland abhängig macht und zudem viel riskiert, falls ein unvorhergesehener Nachfrageausfall des Auslandes auftritt. Gerade eine Diversifizierung von Produkten stabilisiert ein Land wirtschaftlich und steigert seine Chancen auf Wohlstand. Als ein Beispiel hierfür sei Südkorea genannt.[216]

Ein Freihandel nach den Vorstellungen Ricardos durch Abbau von Handelsbarrieren kann laut Kritikern nur unter bestimmten Voraussetzungen tatsächlich Vorteile für alle beteiligten Staaten bringen. Zu diesen Voraussetzungen gehört, dass sich die Staaten auf einem ähnlichen Entwicklungsstand hinsichtlich Produktion und Technologie befinden und die Arbeitnehmervertretungen ähnlich gut organisiert sein müssen. [217]

Demgegenüber wird nicht selten von Seiten der liberalen Ökonomie beklagt, dass aufgrund von nationalen Egoismen in Kontinentaleuropa das Freihandelsprinzip in der Ära des Laissez faire sich niemals ungehemmt bis zu Ende entfalten durfte. Damit habe man sich häufig, doch meist zu Unrecht, auf die Schutzzolllehre des Liberalen Friedrich List berufen.[218]

Immerhin konnten Lists Ansichten zur Schutzzollpolitik bisher nicht, wie oft behauptet, überzeugend widerlegt werden. Im Gegenteil, 1972 fand durch die Theorie des ungleichen Tauschs von Arghiri Emmanuel die Notwendigkeit von Schutzzöllen erneut eine Bestätigung. Laut Arghiri bringe Freihandel zwischen sehr unterschiedlich entwickelten Staaten nur den technologisch überlegenen Staaten echte Vorteile. Denn der schnellere technologische Fortschritt (höhere Arbeitsproduktivität) in den reichen Ländern bewirke, dass die ärmeren Länder mehr arbeiten müssen, um weiterhin ihre Waren austauschen zu kön-

216 Vgl. Veerkamp (2005), S. 69.
217 Vgl. Veerkamp (2005), S. 69.
218 Vgl. Boelcke (1980), S. 43.

nen.[219] Außerdem würde die Spezialisierung einerseits zu anfälligen Monokulturen führen und andererseits einen Preisverfall auf den Weltmärkten bewirken.

So verdanken die asiatischen Tigerstaaten ihren wirtschaftlichen Aufstieg gerade den protektionistischen Maßnahmen und der gleichzeitigen Diversifizierung.[220]

Im nächsten Abschnitt soll eine historische Einordnung des Klassischen Liberalismus und der beiden früheren Hauptvertreter Adam Smith und David Ricardo erfolgen. Dabei wird der Klassische Liberalismus dem Laissez-faire-Liberalismus gegenüberstellt. Es soll untersucht werden, inwieweit die Theorien dieser beiden Nationalökonomen einen Laissez-faire-Liberalismus theoretisch rechtfertigten.

Da John Stuart Mill seine Politische Ökonomie quasi schon als Antwort auf die Fehlentwicklungen des Laissez-faire-Liberalismus geschrieben hat, macht eine Gegenüberstellung zwischen Mills Theorie und dem Laissez-faire-Liberalismus in diesem Kontext dagegen wenig Sinn.

219 Vgl. Veerkamp (2005), S. 71; vgl. Emmanuel (1972).
220 Vgl. Veerkamp (2005), S. 69.

4. Historische Einordnung des Klassischen Liberalismus

4.1. Klassischer Liberalismus und Laissez-faire-Liberalismus

Adam Smith' und David Ricardos klare Bekenntnisse zum Freihandel und die Forderungen nach einem auch ansonsten möglichst zurückhaltenden Staat machen die Werke dieser beiden klassischen Ökonomen sehr anfällig für eine einseitige selektive Gewichtung und Deutung. Insbesondere durch Smith' ökonomischen Optimismus bietet sich sein *„Wealth of Nations"* geradezu an, um Textpassagen zu isolieren, mit denen Adam Smith als der theoretische Begründer vom Manchester-Liberalismus (Laissez-faire-Liberalismus) herhalten kann. So ist beispielsweise bei Professor Spann auf Smith bezogen zu lesen: *„Der Eigennutz ist die Quelle aller wirtschaftlichen Entscheidungen. Das Wirtschaftsleben gestaltet sich am vollkommensten, wenn die Einzelnen ihren Eigennutz ungehemmt entfalten können. Der Staat hat nur die Rechtsordnung aufrecht zu erhalten: Laissez faire, laissez passer."*[221]

Die unzähligen Einschränkungen und Prämissen für Smith' liberalistisch-ökonomische Konzeption, die von ihm in unterschiedlichen Teilen von *„Wealth of Nations"* angefügt wurden, können von marktradikalen Liberalen sehr leicht dabei unterschlagen werden. Diese bewusste Ausblendung von zugewiesenen staatlichen Aufgaben und Funktionen nahmen allen voran die Manchester-Liberalen vor.[222] Später folgte z.B. die Regierung Thatcher. So veranlasste 1979 der Industrieminister Sir Keith Robert im Kabinett von Margaret Thatcher, dass alle höheren Beamten Adam Smith' Werke studieren sollten.[223] Im Ergebnis war ihre Politik dann ein einziger sozialer Kahlschlag, der durch die geplante Kopfsteuer (poll tax), die sog. „community charge", noch auf die Spitze getrieben werden sollte und auch in keiner Weise mehr mit den Vorstellungen von Smith zu vereinbaren war.

Doch auch in der heutigen Zeit wird Adam Smith benutzt, um bestimmte Interessen theoretisch zu rechtfertigen. Das folgende Beispiel

221 Spann (1949), S. 57.
222 Vgl. Aßländer (2007), S. 141.
223 Vgl. Holub (2006), S. 163.

bezieht sich auf das bei Smith noch sehr unvollständige Freihandels-Konzept der absoluten Kostenvorteile. Dass Adam Smith ein Befürworter des Freihandels war, steht außer Frage. Doch dass er folglich auch Einfuhrbeschränkungen generell ablehnte, ist damit noch nicht gesagt.

So versuchte die FDP-Bundestagsfraktion am 23. September 2008 mit Hilfe eines Smith-Zitats ein eingebrachtes Gesetz im Bundestag dumm-dreist zu rechtfertigen: Der Gesetzesantrag mit dem Titel „*Globalen Freihandel stärken Protektionismus bekämpfen*" wurde wie folgt begründet:

> „*Der Bundestag wolle beschließen: Der Deutsche Bundestag stellt fest: »Freihandel schafft Wohlstand«. Diese einfache Botschaft hat sich insbesondere in den vergangenen Jahrzehnten täglich bewahrheitet. Auf die zugrunde liegende Tatsache, dass das Nutzen komparativer Vorteile durch alle Marktteilnehmer letztlich auch allen zugute kommt, hat Adam Smith bereits vor mehr als 200 Jahren wie folgt hingewiesen:*
>
> *»Jeder kluge Familienvater befolgt den Grundsatz, niemals etwas zu Hause anzufertigen, was er billiger kaufen kann. Dem Schneider fällt es nicht ein, sich die Schuhe selbst zu machen, sondern er kauft sie vom Schuhmacher; dem Schuhmacher andererseits fällt es nicht ein, sich die Kleider selbst herzustellen, sondern er gibt sie beim Schneider in Auftrag, und dem Landwirt kommt es nicht in den Sinn, sich dies oder jenes selbst zu machen, sondern auch er setzt die einzelnen Handwerker in Nahrung. Alle sehen den Vorteil darin, ihre Arbeitskraft ganz in der Weise zu betätigen, in der sie etwas vor ihren Nachbarn voraushaben und sich mit einem Teil des Ertrages oder, was dasselbe ist, mit dem Preis dafür das zu kaufen, was sie darüber hinaus brauchen.«* "[224]

Als erstes muss formal darauf hingewiesen werden, dass Adam Smith die „Theorie der absoluten Kostenvorteile" entwickelt hat und nicht, wie hier fälschlicherweise von der FDP behauptet, die „Theorie der

---

224 Smith (1974), S. 371f.; http://dip21.bundestag.de/dip21/btd/16/103/1610311.pdf
Die FDP zitiert aus einer anderen WN-Ausgabe, so dass der Übersetzungstext einige kleine Abweichungen zur Recktenwald-Ausgabe aufweist. Die hier angegebene Seitenzahl bezieht sich jedoch weiterhin auf die Recktenwald-Ausgabe.

komparativen Kostenvorteile", die ja bekanntlich auf David Ricardo zurückgeht.[225]

Inhaltlich kann dem von der FDP verwendeten Zitat zur Rechtfertigung des Freihandels ein anderes Adam Smith-Zitat entgegengesetzt werden, aus dem hervorgeht, dass Smith Zölle nicht kategorisch ausgeschlossen hat und ihnen durchaus in bestimmten Situationen auch positive Seiten abgewinnen konnte, wie folgendes Zitat zeigt:

> *„Die zweite Überlegung, nämlich inwieweit und auf welche Weise man die Beschränkungen der Einfuhr, die eine zeitlang gegolten haben, wieder aufheben sollte, wird dann anzustellen sein, wenn sich einzelne Gewerbe, die bisher durch hohe Zölle und Einfuhrverbote vor jeder ausländischen Konkurrenz geschützt waren, so gut entwickelt haben, dass sie nunmehr Arbeitsplätze in großer Zahl beschäftigen können."*[226]

Dieses Gegen-Zitat verdeutlicht, dass Smith' Werk viel zu komplex und vielschichtig ist, um mit Hilfe eines einzigen Zitats seine Vorstellungen authentisch wiedergeben zu können.

4.2. Laissez-faire-Liberalismus und seine Auswirkungen

Ähnlich wie von der FDP wurden Smith' und Ricardos Theorien auch von den Manchester-Liberalen für eigene Interessen eingespannt.

Die Manchester-Liberalen formierten sich 1842 als sogenannte „Anti-Corn-Law-League" unter der Ägide von Industriellen und Politikern wie Richard Cobden und John Bright und realisierten in den Folgejahren das Freihandelsprinzip in England umfassend. Mit Hilfe einer politisierten Vereinfachung wurden dazu Smith' Theorie der internationalen Arbeitsteilung (Theorie der absoluten Kostenvorteile) und Ricardos Theorie der komparativen Kostenvorteile herangezogen.[227]

Doch das war nur der Anfang. Denn die staatsfeindliche Marktideologie wurde schon bald auf den Binnenmarkt ausgedehnt. Der Binnenmarkt sollte gemäß der freiwirtschaftlichen Doktrin der Man-

225 Vgl. Sell (2003), S. 160ff.
226 Smith (1974), S. 383.
227 Vgl. Boelcke (1980), S. 43.

chester-Schule befreit von Steuern, Zöllen und Sozialleistungen sich ungehemmt entfalten können.[228]

Die Marktradikalisierung führte dazu, dass im Zeitalter des Laissez faire auf rechtlicher Ebene sogar der Schutz vor Wettbewerbsbeschränkungen nicht mehr gewährleistet wurde. Die Ideologie verkehrte sich damit ins Paradoxe: Kartelle wurden nicht mehr als Todsünde bekämpft, sondern als Schutz gegen Preisverfall auf den Märkten begrüßt.[229] Die radikal-liberale Strömung verbreitete sich ab 1860 noch bis ins 20. Jahrhundert hinein in einer Reihe weiterer europäischer Staaten. In Frankreich wurde die neue Freihandelslehre in Frédéric Bastiats *„Les Harmonies Économiques"* als die von Gott verordnete Harmonielehre gepredigt und gar verehrt.[230]

Auch in Deutschland fanden sich, trotz schwerer sozialer Missstände, fanatische Anhänger wie John Prince-Smith oder Eugen Richter, die jede Form von sozialpolitischen Gegenbewegungen massiv bekämpften.[231]

Aus dieser Zeit ist beispielsweise überliefert, dass der einflussreichste deutsche Liberale, Eugen Richter, 1881 im Reichstag Reichskanzler Bismarck vorwarf, dass seine umfassenden Arbeiterschutzgesetze und eine Garantie des *„Recht auf Arbeit"* wörtlich *„nicht nur mehr sozialistisch, sondern kommunistisch"* seien.[232]

Der liberale Einfluss nahm in dieser Zeit so weit zu, dass die Marktvermachtung durch Kartelle in Deutschland sogar noch 1897 aufgrund einer Entscheidung des Reichsgerichts juristisch legitimiert wurde.[233]

Die Freiheiten der Bürger gerieten infolgedessen massiv unter Druck. Letztendlich wurde also das Gegenteil des erklärten Ziels des (Wirtschafts-)Liberalismus realisiert.

Worin die Freiheitsbeschränkung konkret bestand, beschreibt Peters wie folgt: *„So wurden die Verbraucher in ihrer Anbieterwahl und Konsum-*

228 Vgl. Boelcke (1980), S. 43.
229 Vgl. Peters (2002), S. 99f.
230 Vgl. Rüstow (2001), S. 67ff.; vgl. Kromphardt (2004), S. 98.
231 Vgl. Boelcke (1980), S. 44.
232 Vgl. Richter (1962), S. 427, vgl. Hochhuth (1971), S. 166.
233 Vgl. Peters (2002), S. 100.

freiheit häufig durch Quotenkartelle und Syndikate eingeengt und durch erhöhte Kartellpreise ausgebeutet."[234]

Letztendlich sei das Scheitern der Laissez-faire-Wirtschaft auf ein Fehlen des gesetzlichen Rahmens zum Schutz des Wettbewerbs zurückzuführen.[235]

Für den Ökonomen Jürgen Pätzold sind dagegen die Ursachen für den gescheiterten Laissez-faire-Liberalismus nicht allein auf Defizite der Legislative zurückführen.

Seine Ursachenanalyse wird auf die drei folgenden Punkte erweitert:[236]

1.) Die Selbstzerstörung des Systems durch Konzentrations- und Kartellierungstendenzen:

Die einseitige Interpretation der Vertragsfreiheit und die schrankenlose Handhabung des Rechts auf Eigentum führten zu einer zunehmenden Monopolisierung und Kartellierung, denen der Staat nicht bzw. nur unzureichend entgegentrat. Folge des wettbewerbspolitischen Laissez faire war eine Entwicklung des Konkurrenzsystems zum Kartell- und Monopolkapitalismus.[237]

2.) Konjunktur- und Strukturkrisen mit der Folge erheblicher Arbeitslosigkeit:

Die Erfahrung zeigt, dass marktwirtschaftliche Systeme sich keineswegs, wie die Klassiker glaubten, (weitgehend) störungsfrei entwickeln. Insbesondere die extrem hohe Arbeitslosigkeit im Zuge der Weltwirtschaftskrise von 1929/32 führte zu einer Erschütterung des Glaubens an den klassischen Vollbeschäftigungsautomatismus.[238]

234 Peters (2002), S. 100.
235 Vgl. Peters (2002), S. 100.
236 Pätzold (1994), S. 16 (leicht gekürzt).
237 Pätzold (1994), S. 16
238 Pätzold (1994), S. 16

3.) Die Verelendung der Arbeitnehmer, ungerechte Einkommens- und Vermögensverteilung und mangelnde soziale Sicherung:

Der Wohlstandszuwachs, den das Wettbewerbssystem hervorbrachte, wurde keineswegs gleichmäßig auf die Bevölkerung verteilt. Diese Auswirkungen der Laissez-faire-Politik sind unter dem Stichwort „Soziale Frage" in die Geschichte eingegangen. Schlechte Arbeitsbedingungen, unzureichende Entlohnung, lange Arbeitszeiten, Schädigung der Gesundheit, Kinderarbeit und Unsicherheit der Existenz vieler Fabrikarbeiter kennzeichneten die Situation.[239]

Häufig wird den Klassikern in Bezug auf das Laissez-faire-Prinzip einfach eine gewisse Naivität nachgesagt. So behaupten viele Ökonomen wie auch die Ökonomie-Professoren Peters und Pätzold, dass sich aus dem Klassischen Liberalen Paradigma quasi zwangsläufig ein Laissez-faire-Liberalismus ableiten lassen musste, wie die folgenden Zitate zeigen. So heißt es bei Pätzold: *„Die Klassiker unterschätzten allerdings die ordnungspolitische Funktion des Staates in der Marktwirtschaft."*[240]

Und Peters geht noch einen Schritt weiter:

> *„Der klassische Liberalismus, der von einer künstlichen Angleichung der Einkommen und Vermögen eine Schwächung des Leistungswillens und der Leistungsfähigkeit der Wirtschaftssubjekte befürchtete, unterschätzte die sozialen und marktstrukturellen Folgen einer krass ungleichen Einkommens- und Vermögensverteilung. […] Eine der folgenschwersten Fehleinschätzungen des Paläoliberalismus*[241] *bestand darin, dass er vom wirtschaftlichen Laissez faire die allseitige Bildung von wettbewerblich strukturierten Marktreformen erwartete. Er unterschätzte die Tendenz einer sich selbst überlassenden Wirtschaft, ihre Funktionsfähigkeit durch ökonomische Machtzusammenballungen und Wettbewerbsbeschränkungen selbst zu zerstören."*[242]

---

239 Pätzold, S. 16f.

240 Pätzold, S. 15.

241 Der abwertende Begriff „Paläoliberalismus" geht auf Alexander Rüstow zurück und bezieht sich auf den marktfundamentalistischen Liberalismus des Laissez faire.
Vgl. Maier-Rigaud/Maier-Rigaud (2001), S. 204, S. 216.

242 Peters (2002), S. 99f.

Der bekannte Ökonom Jacob Viner (1892-1970) gibt in diesem Punkt jedoch zu bedenken, dass Smith ein außergewöhnliches Maß an gesundem Menschenverstand besessen habe, doch sei er kein Prophet gewesen.[243]

Weit verbreitet ist auch die Auffassung, dass der Klassische Liberalismus einen vollkommen passiven Staat postulierte.

So spottete bereits 1862 der bekannte Sozialist, Arbeiterführer und Urvater der deutschen Sozialdemokratie Ferdinand Lassalle (1825–1864) in seinem Arbeiterprogramm über das bürgerlich-liberale Staatsverständnis:

> *„Entsprechend [...] fasst die Bourgeoisie den sittlichen Staatszweck so auf: er bestehe ausschließend und allein darin, die persönliche Freiheit und sein Eigentum zu schützen. Dies ist eine Nachtwächteridee, meine Herren, eine Nachtwächteridee deshalb, weil sie sich den Staat selbst nur unter dem Bilde eines Nachtwächters denken kann, dessen ganze Funktion darin besteht, Raub und Einbruch zu verhüten."*[244]

Zudem resümiert Lassalle kurz darauf, dass die Nachtwächteridee *„die Staatsidee des Liberalismus"* sei. Diese Sichtweise hat sich offensichtlich bis in die Gegenwart gehalten. So wird Adam Smith noch heute häufig als Vertreter eines „staatsfreien" Wirtschaftsliberalismus verunglimpft. So schreibt der Politologe Hermann Adam:

> *„Beim Primat der Ökonomie [..] soll der Staat überhaupt nicht ins Wirtschaftsgeschehen, d.h. in das Produzieren und Verteilen von Gütern und Dienstleistungen, eingreifen und sich auf die Rolle eines »Nachtwächters« beschränken (Nachtwächterstaat). Das empfiehlt der sog. »Wirtschaftsliberalismus«, der auf die Lehre des englischen Nationalökonomen Adam Smith zurückgeht."*[245]

243 Vgl. Viner (1971), S. 82.
244 Lassalle (1919), S. 195f.
245 Adam (2007), S. 215.

4.3. Einordnung von Adam Smith und David Ricardo

Zunächst muss an dieser Stelle nochmals daran erinnert werden, dass die klassischen Ökonomen wie Smith und Ricardo in erster Linie ihre ökonomischen Vorstellungen zunächst einmal nur theoretisch konzipiert haben, da ihre Ideen zur damaligen Zeit einfach noch nicht auf ihre Praxistauglichkeit hin überprüft werden konnten.[246]

Zudem sind beide Klassiker als Autodidakten zur Ökonomie gekommen und waren absolute Pioniere auf diesem Gebiet; sie betraten also mit ihrem theoretischen Wirtschaftsliberalismus Neuland. Insbesondere Smith fand noch den alles dominierenden Merkantilismus vor - ein System, ökonomisch vollständig vom absolutistischen Staat gesteuert.[247]

Auch Viner nimmt vom empirischen Standpunkt ausgehend Smith ein erneut in Schutz. Er gibt zu bedenken: *„Smith ist selten auf Fälle gestoßen, in denen die Regierung dem allgemeinen Wohl einen nützlichen und wirksamen Dienst erwiesen hatte. […] Zu seiner Zeit habe die englische Regierung in den Händen einer aristokratischen Clique gelegen, einer intriganten, korrupten, zynischen und von Klassenurteilen bestimmten Gruppe des britischen Adels.“*[248] Und Viner weist überdies darauf hin, dass Smith immer dann der Regierung mehr Kompetenzen zugestanden hatte, wenn diese sich in konkreten Fällen auch als fähig erwies, das allgemeine Wohl zu fördern.[249]

Spätestens hier müsste sich die Frage aufdrängen, welcher unvoreingenommene Wissenschaftler, von dieser historischen Perspektive her betrachtet, den Klassikern Smith und Ricardo ihr wirtschaftsliberales Weltbild noch verdenken kann. Es ist zwar spekulativ, aber durchaus realistisch, anzunehmen, dass Persönlichkeiten wie Smith und Ricardo mit ihrem ausgeprägten Gerechtigkeitssinn bei einer Konfrontation mit den sozialen Folgen des in ihrem Namen umgesetzten Laissez-faire-Liberalismus ihre polit-ökonomischen Schriften noch erheblich ergänzt und präzisiert hätten.

---

246 Vgl. Rüstow (2001), S. 54.
247 Vgl. Rüstow (2001), S. 54.
248 Viner (1971), S. 81.
249 Vgl. Viner (1971), S. 82.

Eine nähere Beschäftigung mit den Biographien beider Ökonomen zeugt von einer zutiefst moralischen Lebenseinstellung, die beide auch privat verkörperten.

Diese Lebenseinstellung ist besonders an einer Passage in Smith' *„Theory of Moral Sentiments"* auszumachen, in der er das Verhalten des Grundherrn gegenüber den Bauern und Armen aufgrund seiner Gier u.a. als *„stolz und gefühllos"* bezeichnet, versehen mit dem sarkastischen Zusatz *„seine Begierde steht in keinem Verhältnis zum Fassungsvermögen seines Magens"*.[250]

Und in Smith' Vorlesungen über Rechts- und Staatswissenschaften von 1762-63, die ihm später u.a. auch als Konzept für *„Wealth of Nations"* dienten, fließt schon eine deutliche Sozialkritik ein, wie sie in ähnlicher Form später eher von Marx her bekannt war: *„…der arme Arbeiter[…], der die Mittel zur Versorgung aller anderen Bewohner des Common Wealth mit Luxus erzeugt, wird, während er gewissermaßen das ganze Gebäude der menschlichen Gesellschaft auf seinen Schultern trägt, von ihrer ganzen Last erdrückt und versinkt gleichsam in den Boden, so dass man ihn auf der Oberfläche gar nicht wahrnimmt."*[251]

Entsprechend kommt auch Zudeick hinsichtlich Smith' Einsicht, dass dem Arbeiter von seinem Lohn zum einen der Unternehmergewinn und zum anderen die Bodenrente abgezogen wird, zu dem Schluss, dass Smith in diesem Punkt sogar schon *„ein früher Marx"* sei.[252]

Die soziale Haltung Ricardos wird u.a. dadurch erkennbar, dass er trotz seiner kritischen Haltung den Armengesetzen[253] gegenüber als Privatmensch dennoch an Krankenhäuser und Schulen spendete, um wenigstens seinen Beitrag zur Linderung des Elends zu leisten.[254]

---

250 Vgl. Smith (1977), S. 316

251 Vorlesungsmitschriften im Originaltext: *„…the poor labourer […] who, while he affords the materials for supplying the luxury of all the other members of the common wealth, and bears, as it were, upon his shoulders the whole fabric of human society, seems himself to be pressed down below ground by the weight, and to be buried out of sight in the lowest foundations of the building."* Smith (1978), S. 564.

252 Vgl. Zudeick (2009), S. 97.

253 Kritik an den Armengesetzen äußerte auch schon Smith, aufgrund der damit verbunden Fehlanreize. Vgl. Smith (1974), S. 118ff.

254 Vgl. Koesters (1985), S. 50.

Es bestehen zudem viele überlieferte Fakten, durch die ersichtlich wird, dass Ricardo sich für die sozialen Belange der unteren Schichten nachdrücklich einsetzte. So befürwortete er im Parlament beispielsweise ein Gesetz zugunsten der anderen Schichten, das ihm selbst als Grundbesitzer große Einbußen beschert hätte.[255]

Die soziale Einschätzung bezüglich der klassischen Nationalökonomen teilt z.B. auch der linksliberale FDP-Politiker Hans-Hermann Flach. Er schreibt hierzu:

> *„Auch für die liberalen Theoretiker des frühen Kapitalismus wie Adam Smith und David Ricardo war der Liberalismus keine Privilegien-Theorie, sondern eine Soziallehre. Sie gingen ganz schlicht von der These aus, dass der Fortschritt der Gesamtheit dann am wirksamsten wäre, wenn jeder Einzelne für sich versuchen würde, das Beste zu erreichen. Maßstab war selbst ihnen nicht das Glück einiger Einzelner, sondern das Glück der Gesamtheit als Summe des Erfolges strebsamer Einzelner.“*[256]

Und Alexander Rüstow grenzt zumindest Smith gegenüber anderen Liberalen ab:

> *„Und während Adam Smith mit dem nüchtern-praktischen und handfesten common sense des Schotten gegen die Konsequenz seiner Theorie einzelne praktische Interventionsnotwendigkeiten zugegeben und mit Warmherzigkeit Ratschläge hierfür erteilt hatte, zieht der logizistische Franzose Say ausdrücklich die Folgerung, der Nationalökonom müsse gegenüber wirtschaftlichen Geschehen »ein unbewegter Zuschauer bleiben«.“*[257]

Dagegen attestiert Rüstow Ricardo, dass er zum *„passivistischen Pessimismus“* neige und er die Situation für die Arbeiter als sehr betrüblich und gar hoffnungslos einschätzte.[258]

---

255 Vgl. M. Ricardo/Sraffa (1971), S. 171f.
256 Flach (1971), S. 20f.
257 Rüstow (2001), S.66f.
258 Vgl. Rüstow (2001), S. 84f.

Doch immerhin spricht sich auch Ricardo für aktive Staatseingriffe aus, so dass der Passivismus-Vorwurf nur partiell berechtigt ist. Für den Fall von *„ungerechter Bevorzugung"* der Kapitalisten fordert Ricardo:

> *„Werden sie ungerecht bevorzugt, so möge man genau feststellen lassen, in welchem Grade dies geschieht, und dann ist es Sache der Gesetzgebung, ein Heilmittel ausfindig zu machen."*

4.4. Fazit

Wie schon angemerkt, existierten für die klassischen Nationalökonomen aufgrund der vorherrschenden absolutistischen Staatsökonomien keine Möglichkeiten, ihre abstrakten Ideen und Theorien zu Freihandel und freien Binnenmärkten zu überprüfen.

Aufgrund des Mangels an „praktischen Studienobjekten" konnten die folgenschweren Konsequenzen noch nicht in den theoretischen Überlegungen vollständig antizipiert oder gar vorhergesehen werden. Passend hierzu gibt Professor Gerhard Kolb zu bedenken: *„Nicht unwichtig ist es, sich darüber klarzuwerden, dass Smith die mit der industriellen Revolution einhergehenden sozialen Verwerfungen noch gar nicht erkennen konnte, denn sein Buch entstand in der Zeit des Manufakturkapitalismus."*[259]

Damit ist als Ergebnis festzuhalten, dass die beiden klassischen Ökonomen Smith und Ricardo mit ihrer liberalen Lehre keine wissenschaftstheoretische Grundlage für einen Laissez-faire-Liberalismus geschaffen haben bzw. schaffen wollten. Ihre Ziele bestanden zweifellos darin, für die gesamte Gesellschaft Verbesserungen zu erreichen. Wenn jedoch eine Steigerung der Kapitalakkumulation nicht allen Gesellschaftsmitgliedern in adäquater Weise zugute kommt, sind auch die Klassischen Liberalen für einen starken Staat, der im Notfall auch eine bessere Verteilung des Volkseinkommens durchsetzen müsste. Dies kommt insbesondere bei John Stuart Mill, dem dritten großen klassischen Liberalen, noch deutlicher zum Tragen, wie der nächste Abschnitt zeigen wird.

Im nächsten Kapitel soll u.a veranschaulicht werden, dass Mill der erste Klassiker war, der über den eigenen Schatten sprang und das bisherige klassische Modell aus seiner alten Dogmatik herausgeholt hat, was wiederum von einer großen geistigen Souveränität zeugt.

259 Kolb (2004), S. 55.

5. John Stuart Mill- Der skeptische Liberalist

John Stuart Mill (1806-1873) nimmt aufgrund seiner Beiträge als Ökonom, Moralphilosoph, Politiker, Sozialwissenschaftler und -reformer eine Sonderstellung in der klassischen Ökonomie ein, nicht zuletzt wegen seines breiten wissenschaftlichen Spektrums. Er gilt als optimistischer, aber vor allem auch skeptischer Liberalist[260] und ist Vertreter unzähliger Bewegungen und Schulen wie dem Radikalen Liberalismus (Radikale Philosophen), Positivismus, Rationalismus, Individualismus, Utilitarismus (Nutzenlehre) und kann sogar zu den Vertretern des Sozialismus gezählt werden. Mills Zuordnung zum Sozialismus wurde lange Zeit in der Wissenschaft verdrängt und mehr wie eine kleine peinliche, vernachlässigbare geistige Verirrung eines Liberalisten behandelt. Diese scheinbar widersinnige Erweiterung seines bisherigen wissenschaftlichen Spektrums wird in den meisten ökonomischen Beiträgen daher häufig nur ziemlich knapp der Vollständigkeit halber erwähnt.[261] Doch wie am Ende dieses Abschnitts noch gezeigt wird, geschieht dies wohl zu Unrecht.

5.1. Biographischer Hintergrund

Aufgrund seines umfangreichen Erziehungsprogramms kann Mill als echter Universalgelehrter gesehen werden. Mills Vater James Mill, selbst berühmter Ökonom und Vertreter des Utilitarismus, wollte in einem Erziehungsexperiment seinen Sohn zum Genie bzw. Wunderkind heranziehen. Damit wurde Mill seiner Kindheit und Jugend vollständig beraubt und war von Gleichaltrigen isoliert. Mill wurde beginnend mit dem dritten Lebensjahr zunächst in Griechisch, Arithmetik, wenig später in Latein, Mathematik, Geschichte, Geometrie, Algebra und Differentialrechnung unterrichtet. Im Alter von 13 Jahren folgte dann die Nationalökonomie.[262] In seiner Jugend kamen noch die Fächer Französisch, Deutsch und die Rechtswissenschaften hinzu.

Sämtliche Texte las er dabei von Beginn an in der jeweiligen Originalsprache. Der Drill ging so weit, dass Mill in seiner Autobiographie

260 Vgl. Kolb (2004), S. 68.
261 So widmet z.B. Mark Blaug (1968) in einem über 70-seitigen Mill-Beitrag dem Thema Sozialismus lediglich eine halbe Seite.
262 Vgl. Mill (1874), S. 4ff. ; vgl. Kolb (2004), S. 69.

schreibt, dass er zur Denkmaschine („Räsoniermaschine") erzogen wurde.[263]

Das Ergebnis dieses gefühllosen Erziehungsexperiments war, dass Mill schon früh unter Depressionen leidet und lange Zeit keinen Sinn mehr in seinem Leben sieht. Als er die Gefühlsarmut seiner durch Rationalismus geprägten Existenz als den großen Mangel seines Lebens erkennt, schenkt er dem Mitgefühl in seinen wissenschaftlichen Betrachtungen dafür umso mehr Beachtung. Diese frühen Erfahrungen waren die Grundlage dafür, dass Mill seine praktischen Wissenschaften, immer ergänzt durch eine kritische Überprüfung auf soziale und humane Gesichtspunkte hin, entwickelt hat.[264]

Allgemein betrachtet lässt sich Mills Werk in einen philosophischen Bereich mit den Hauptrichtungen Logik und Praktische Philosophie und in einen ökonomischen Bereich unterteilen.[265] Da bei Mill die Fachgebiete interdisziplinär behandelt werden, kann auch sein Ökonomie-Modell nicht isoliert betrachtet werden. Insbesondere in der Praktischen Philosophie spielen z.B. Grundfragen der (Politischen) Ökonomie und Ethik eine tragende Rolle. Dem Bereich der Ethik wiederum wird auch die Ethikauffassung des Utilitarismus zugeordnet, eine gleichermaßen philosophisch wie auch ökonomisch ausgerichtete Thematik.

Daneben beschäftigte sich Mill in der Ökonomie vor allem mit der Produktionstheorie, Verteilungstheorie, Werttheorie und der Ausarbeitung einer eigenen Sozialutopie.[266]

Aus dieser Aufzählung wird erneut ersichtlich, dass für Mill das Soziale und Ökonomische einander bedingen, denn für ihn war das Endziel das Glück sprich *„das Gute für die Menschheit"* zu verwirklichen.[267]

Um dieses Glück für die Gesellschaft zu erreichen, müssen zuvor als Etappenziele die Freiheit des einzelnen (Individualismus) und ein „gutes Auskommen" für alle gewährleistet sein.[268]

263 Vgl. Mill (1874), S. 90; vgl. de Marchi (1989), S. 269.
264 Vgl. de Marchi (1989), S. 270.
265 Vgl. Aßländer/Nutzinger (2008), S. 181.
266 Vgl. Aßländer/Nutzinger (2008), S. 186ff.
267 Vgl. Mill (1963), XII, S. 207; vgl. de Marchi (1989), S. 281.
268 Vgl. de Marchi (1989), S.281. Unter einem guten Auskommen versteht Mill ein Wohlstandsniveau, das über dem Existenzminimum liegt.

Die nächsten beiden Abschnitte werden den Utilitarismus und die vier soeben genannten ökonomischen Theorien skizzieren.

5.2. Utilitarismus

Es handelt sich dabei um eine Konzeption, welche die ethischen Handlungen bzw. Regeln nach dem Nutzen beurteilt, den sie stiften.[269] Ihr Begründer war der Philosoph und Sozialreformer Jeremy Bentham (1748-1832).

Mill, der nach dieser Konzeption streng erzogen wurde, übernahm diese ethische Ausrichtung von seinem Vater und dessen engem Freund Bentham zunächst für sein eigenes Werk.

Bentham, geistiger Vater dieser utilitaristischen Ethik, erklärte das *„größtmögliche Glück der größtmöglichen Zahl"* zum wichtigsten Beurteilungskriterium menschlicher Handlungen.[270]

Die Vertreter dieser auch als Benthamismus bekannten Sozialbewegung waren als die „Philosophischen Radikalen" bekannt, da sie gewillt waren, ihre Sozialreformen und Erziehungsmethoden ohne Kompromisse gegenüber weltlichen und kirchlichen Autoritäten durchzusetzen.[271]

Damit war der Nutzen auch für Mill der zentrale Gradmesser für die moralische Qualität einer Handlung.[272]

Der tiefere Sinn des Utilitarismus wurde darin gesehen, dass der Einzelne über das Gemeinwohl sein eigenes Wohl vergrößert. Damit kehrt der Utilitarismus Adam Smith' „invisible-hand"-Prinzip und Leitmotiv des klassischen Liberalismus formal um, welches davon ausging, dass das Handeln im eigenen Interesse letztlich auch für das Gemeinwohl am ergiebigsten ist.[273]

---

269 Vgl. *Gabler Wirtschaftslexikon* (2004), S. 3075.
270 Diese Formel hat Bentham vom Philosophen Francis Hutcheson für den Utilitarismus übernommen.
271 Rolle (2005), S. 292f.
272 Vgl. Aßländer/Nutzinger (2008), S. 183.
273 Vgl. Hegenbart (1994), S. 247. Da Utilitarismus sich als Erfolgsethik versteht, reicht eine positive Absicht wie bei Kant allein nicht mehr aus. Letztlich wird allein das Resultat einer Handlung als entscheidendes Beurteilungskriterium gesehen. Vgl. Hegenbart (1994), S. 72.

Doch das Problematische am Prinzip des maximalen Glücks ist, dass es sich nur schwer in die Praxis umsetzen lässt. So ist u.a. nicht geklärt, wie „Nutzen" objektiv gemessen werden kann oder nach welchen Kriterien die Auswahl der Minorität erfolgt, die infolge der Umsetzung des Utilitarismus zwangsläufig benachteiligt würde.[274]

Auch der Rationalist Mill erkennt trotz seiner Bentham-Verehrung die Schwächen einer solchen Gesellschaftsorganisation und nimmt daher eine etwas skeptischere Haltung gegenüber dem Benthamismus ein.[275]

5.3. Ökonomisches Modell von Mill

Sein Verständnis für ökonomische Zusammenhänge hat Mill durch seinen Vater und insbesondere durch das intensive Studium der Arbeiten von Smith, Ricardo und Malthus erworben. Dabei hat sich Mill am stärksten an seinen direkten Vorgänger Ricardo angelehnt und in wesentlichen Teilen dessen Außenhandelstheorie, Geld- und Zinstheorie übernommen.[276] Dieser Umstand bringt Mill bis heute die schwerwiegende Kritik ein, er habe selbst kaum Neues in die Politische Ökonomie eingebracht und nur altes Wissen, vornehmlich seines Vorgängers Ricardo, mit nur wenig richtungweisenden Neuerungen zusammengestellt. So kommentiert de Marchi treffend: *„Bis vor kurzem lief die Standardinterpretation des Nationalökonomen Mill darauf hinaus, dass er nur ein blasses Spiegelbild Ricardos sei."*[277]

Wie sehr Mill sich von seinen Vorgängern tatsächlich emanzipiert hat, soll nun anhand seiner Wirtschaftstheorien untersucht werden.

5.3.1. Produktionstheorie

Mill unterscheidet strikt zwischen Fragen der Produktion und Fragen der Verteilung.[278] Damit ist gemeint, dass die Verteilung des Erwirtschafteten nicht kausal in einem Zusammenhang mit der Produktion steht. Anders als bei seinen Vorgängern ist für Mill produktive Arbeit über die Nützlichkeit für die Gesellschaft zu definieren. Daraus ergibt sich im Umkehrschluss, dass Arbeit, die nicht direkt der Bedürfnisbe-

274 Vgl. *Gabler Wirtschaftslexikon* (2004), S. 3075.
275 Vgl. Mill (1963) VII, S. 173; vgl. de Marchi (1989), S. 271.
276 Vgl. Aßländer/Nutzinger (2008), S. 186.
277 de Marchi (1989), S. 288.
278 Vgl. Mill (1924), S.31f.

friedung der Bevölkerung, sondern allein der Spekulation oder dem persönlichen Gewinnstreben dient, unproduktiv ist. Darunter sind auch Überproduktion aus Spekulationsgründen oder Überkapazitäten wegen Fehlplanung zu subsumieren.[279]

Von seinem Vater, der zugleich auch ein enger Freund Ricardos war, übernahm Mill zunächst die Lohnfondstheorie, von der er sich später jedoch lossagt. In einem Zeitungsartikel (1869) revidiert er teilweise seine ursprüngliche Ansicht bzgl. der Lohnfondstheorie, nach der nämlich der Kapitalist fixe Summen für Löhne vorhält und auszahlt, unabhängig von der benötigten Arbeiterzahl. Denn Mill kommt zu der Erkenntnis, dass die Kapitalisten ihre Lohnfonds doch jeweils dem allgemeinen Lohnniveau anpassen könnten.[280] Aufgrund dieser Neubewertung entsteht für Mill jedoch die Notwendigkeit von Gewerkschaften, da sie verhindern würden, dass die Löhne wieder von den Kapitalisten auf ein Existenzminimum gedrückt werden.[281]

Mill, der skeptische Liberalist, zweifelt auch die bisher durch Ricardo in diesem Punkt zu optimistische Auffassung an, dass Produktivitätssteigerungen aufgrund von Warenverbilligung automatisch zu einer erhöhten Nachfrage und damit letztlich zu einer Zunahme der Arbeitsnachfrage führen.[282]

5.3.2. Verteilungstheorie

Wie schon angedeutet, hat Mill als Liberaler einen Tabubruch begangen, indem er die Vermögensverteilung von den Produktionsgewinnen völlig entkoppelt hat. Zu den wichtigsten Positionen seiner Verteilungstheorie zählen, die Garantie des Privateigentums, mit Ausnahme der Bodenrente, eine für alle Gesellschaftsmitglieder angemessene Lohnhöhe und die distributive Funktion von Steuern. Mill plädiert dafür, dass zumindest landwirtschaftliche Nutzflächen durch Zwangskäufe zu Marktpreisen in Staatseigentum überführt und dann zeitlich begrenzt wieder verpachtet werden.[283]

279 Vgl. Mill (1924), S. 74, S. 77.
280 Vgl. Aßländer/Nutzinger (2008), S. 187.
281 Vgl. Aßländer/Nutzinger (2008), S. 187.
282 Vgl. Vgl. Mill (1924), S. 307ff.
283 Vgl. Mill (1924), S. 348ff.

Außerdem sollen in Mills Vision auch lohnabhängige Landarbeiter kleine Grundstücke übereignet bekommen.[284]

Die Lohnhöhe soll sich im Normalfall zwar über einen Konkurrenzmechanismus etablieren, doch spricht sich Mill klar dafür aus, dass im Falle einer einseitigen Benachteiligung der Staat eingreifen müsse, um einen gerechten Lohn durchzusetzen.[285]

Unter die Verteilungstheorie dürften auch Mills Steuerkonzepte zu zählen sein, aufgrund ihrer Umverteilungsfunktion. Dabei beruft sich Mill auf Smith und spricht sich daher ebenso für einen proportionalen Steuertarif aus.[286] Vor einer progressiven Steuer warnt Mill jedoch: *„Größere Einkommen mit einem höheren Anteilssatz als die geringeren zu besteuern, heißt aber, Fleiß und Wirtschaftlichkeit besteuern, heißt diejenigen zu bestrafen, die härter gearbeitet und mehr gespart haben als ihre Mitmenschen."*[287]

Das Ziel der Umverteilung soll also nicht über Belastungen auf den Faktor Arbeit, sondern über die Vermögenswerte erreicht werden. Die eigentliche Funktion der Umverteilung kommt somit der Grundsteuer und vor allem der revolutionären Mill'schen Erbschaftsteuer zu.

Mill spricht sich für eine Sozialisierung der Bodenrenten durch Grundsteuern aus[288], eine Idee, die er von seinem Vater übernahm.

Bei der Erbschaftsteuer gilt für Mill der Ansatz der Chancengleichheit, d.h. nicht der „Zufall der Geburt" soll über die wirtschaftliche Lage einer Person entscheiden, sondern Fleiß und Arbeit. Die Ideen bzgl. des Erbschaftsrechts hat Mill überwiegend von Jeremy Bentham übernommen.[289] Dabei gehen jedoch seine Vorschläge weit über das von Bentham hinaus.

So spricht sich Mill für ein Gesetz aus, das eine absolute Obergrenze für den Wert festsetzen müsse, der einem Erben zufallen dürfe.

284 Vgl. de Marchi (1989), S. 280.
285 Vgl. Aßländer/Nutzinger (2008), S. 189.
286 Vgl. Mill (1921) S. 465f.
287 Mill (1921), S. 475.
288 Vgl. Mill (1921), S. 498f.
289 Vgl. Kisker (1964), S. 16.

Dazu heißt es bei Mill:

> *„Sollte ich ein Gesetzbuch [...] ohne Rücksicht auf die bestehenden Meinungen und Gefühle entwerfen, so würde ich eine Beschränkung vorziehen, nicht darüber, was jemand vermachen kann, sondern über das, was jemand durch Vermächtnis oder Erbschaft erwerben dürfte. Jeder sollte die Befugnis haben, nach Belieben über sein ganzes Eigentum zu verfügen; aber nicht es zu verschwenden dadurch, dass er einen anderen über ein gewisses Maß hinaus bereichert, welches Maß jedoch hinlänglich hoch angesetzt werden sollte, um die Mittel einer behaglichen Unabhängigkeit zu bieten. [...]; ich sehe jedoch nichts Verwerfliches in der Aufstellung einer Grenze dafür, was jemand durch bloße Gunst anderer ohne eine Anstrengung seiner Fähigkeiten erwerben kann, und in dem Verlangen, dass, wenn jemand eine weitere Erhöhung seines Vermögens wünscht, er hierfür arbeiten sollte."*[290]

Mill schränkt diese Vorstellung soweit ein, dass er jene Unternehmer von dieser Steuer ausnimmt, die als Nachfolger ein Unternehmen weiterführen wollen.[291]

Seine Steuervorstellungen begründet er letztlich damit, dass Kinder gegenüber ihren Eltern außer einer guten Erziehung ansonsten keine weiteren Ansprüche erheben dürften.[292]

Doch räumt Mill bzgl. seines Steuerkonzeptes ein, dass dieses sich erst verwirklichen lasse, wenn die Menschen begreifen, dass übertriebenes Streben nach Vermögensanhäufung nicht so glücklich macht, wie mit jemanden seinen Reichtum zu teilen und dabei dann zu sehen, wie das einem anderen überlassene Geld einen viel größeren Nutzen stiftet.[293]

5.3.3. Werttheorie

Mill gewichtet im Gegensatz zu seinen klassischen Vorgängern den objektiven Wert eines Gutes nicht mehr als alleiniges Kriterium zur Wertbestimmung. Auch der Nutzen, der sich aus dem Gebrauchswert ergibt, wird zu einer weiteren relevanten Bestimmungsgröße. In diesem

290 Mill (1913), S. 339f.; vgl. Mill (1921), S. 393, S. 599ff.
291 Vgl. Mill (1913), S. 340f.
292 Vgl. Mill (1913), S. 334f.; vgl. Kisker (1964), S. 16.
293 Vgl. Mill (1913), S. 341f.

Punkt kann Mill als ein Wegbereiter der subjektiven Werttheorie gesehen werden, die einen elementaren Baustein der Neoklassik bildet.[294] Denn für ihn entsteht der objektive Wert einer Ware nicht nur aus den Produktionskosten, sondern zusätzlich noch durch den Gewinn.[295]

5.3.4. Sozialutopie

Wie bereits erwähnt, bezweifelt Mill einen kausalen Zusammenhang zwischen Produktivitätssteigerungen und zunehmender Arbeitsnachfrage. Doch glaubt er, dass das Wachstum begrenzt sei, und hinterfragt sogar den Sinn eines Produktionsziels, das immer nur auf Wachstum ausgerichtet ist. Langfristig würde die wirtschaftliche Entwicklung sich auf einen *„stationären Zustand"* zubewegen, der aber nicht zwangsläufig zu Massenarmut und dem Ende wirtschaftlicher Prosperität führen müsse. Im Gegenteil, Mill sieht im stationären Zustand viele Vorteile; es ist für ihn eine Frage des gesellschaftlichen Arrangements und der Organisation, dass alle in diesem Zustand profitieren können.[296] In seiner Zukunftsgesellschaft entwirft er ein Konzept, in dem die Bevölkerung durch verbesserte Erziehung und Bildung lernt, dass statt der materiellen mehr die geistig-ideellen Dinge wertzuschätzen sind.[297] Zudem müsste nach seiner Vorstellung die Gesellschaft verstärkt am erwirtschafteten Gewinnen partizipieren. Dies kann durch Umverteilung realisiert werden mittels einer gleichberechtigten Teilhaberschaft von Arbeitern und Kapitalisten an Unternehmen und langfristig einer Überführung von Unternehmen in genossenschaftlich organisierte Betriebsformen, in denen Arbeiter zugleich Kapitaleigner sind.

De Marchi kommt bezüglich Mills Sozialutopie zu der folgenden Einschätzung: *„Dies unterscheidet sich wenig von der Vision persönlicher Kultur im kommunistischen Staat, wie Marx sie in der Deutschen Ideologie entworfen hat."*[298]

Nach der klassischen Auffassung war eine solche Einstellung bis dato jedoch völlig undenkbar. Selbst heute ist Mills Auffassung nicht nur fortschrittlich, sondern sogar revolutionär.

---

294 Vgl. Heine/Herr (2003), S. 12 und S. 235.
295 Vgl. Mill (1924), S.663; vgl. Aßländer/Nutzinger (2008), S. 190.
296 Vgl. Mill (1921), S. 387ff.
297 Vgl. Mill (1921), S. 405f.
298 de Marchi (1989), S. 287.

Erst im Zuge der aktuellen Weltwirtschaftskrise wagen sich nun die ersten Regierungen aus ihrer Deckung und stellen das bisherige Wachstums-Mantra wie schon Mill vor rund 150 Jahren in Frage. So hat der französische Präsident Nicolas Sarkozy den Nobelpreis-Träger Joseph Stiglitz 2009 beauftragt, nach alternativen Gradmessern für den Wohlstand zu suchen statt dem bisher herangezogenen BIP-Wachstum. Dieses hält Sarkozy nämlich für längst überholt.[299]

Eine Textpassage bei Mill drückt sehr gut die nun aktuelle Übereinstimmung hinsichtlich der Thematik aus:

> *„Ich weiß nicht, weshalb man sich dazu beglückwünschen soll, dass Menschen, die bereits reicher sind, als irgendeiner nötig hat, ihre Mittel verdoppeln, um etwas zu verbrauchen, was außer als Schaustellung ihres Reichtums nur wenig oder gar keine Freuden verschafft. […] Nur in zurückgebliebenen Ländern hat die Zunahme der Produktion noch große Bedeutung; in den fortgeschrittenen Ländern ist das wirtschaftlich Notwendige eine bessere Verteilung, und ein unentbehrliches Mittel hierzu ist eine straffe Einschränkung der Bevölkerungszunahme."*

Und Mill beschreibt in weiser Voraussicht, dass eine ständige Zunahme der Produktion, Kapitalansammlung und Bevölkerung derart verheerende Auswirkungen für die Umwelt haben wird, dass die begrenzten Ressourcen am Ende, wenn es zu spät ist, die Menschheit notgedrungen zu einem Umdenken zwingen würden.[300]

5.4. John Stuart Mill: Liberalist und Sozialist?

Ob Mill ein Sozialist war bzw. sich selbst als einen gesehen hat, ist höchst umstritten und wird von der Mehrheit der Wissenschaftler eher bestritten.[301] Dieser Umstand ist jedoch umso erstaunlicher, als sich doch viele Indizien und Zitate anführen lassen, die die Sozialismus-Konformität Mills deutlich belegen.

---

299 Kläsgen (06./07.02.2010). Inzwischen beschäftigen sich auch Regierungs-Kommissionen z.B. in Deutschland und Italien mit der Suche nach alternativen Indizes zum bisher wachstumsorientierten BIP.

300 Vgl. Mill (1921), S. 394f.

301 Zum Beispiel findet sich auch kein Eintrag zu John St. Mill im *„Lexikon des Sozialismus"* (1986)., Hg. Thomas Meyer.

Die Mill-Experten[302] Aßländer und Nutzinger liefern ein sehr fadenscheiniges, nicht konsistentes Argument, durch ein Mill-Zitat unterlegt, gegen Mills Akzeptanz hinsichtlich des Sozialismus. So heißt es bei ihnen: *„Prinzipiell hält er den Weg des Sozialismus für gefährlich."*[303] Und dann liefern Nutzinger und Aßländer als Beleg folgendes Mill-Zitat:

> *„Wenn wir in dieser Weise fortfahren, kann es uns vielleicht gelingen, die Gesellschaft durch sozialistische Revolution zu sprengen, aber die Armen und ihre Armut werden dabei noch schlimmer wegkommen als bisher."*[304]

Dieses Zitat kommentieren sie mit den Worten:

> *„Insbesondere die revolutionäre Form des Sozialismus hält Mill für undurchführbar. Während er die gemäßigte Variante Owens und Fouriers mit einem gewissen Wohlwollen betrachtet, fürchtet er im kommunistischen System vor allem die Unterdrückung der Individualität und die Aufhebung des Privateigentums und der Konkurrenz."*[305]

Aufgrund des vorgelegten Zitats lässt sich jedoch lediglich erkennen, dass sich Mill gegen einen revolutionären Umbruch und eine kommunistisch ausgestaltetes System ausspricht. Von einer generellen Sozialismus-Ablehnung ist nichts zu erkennen. In der Tat bestätigen Mills Verteilungstheorie und Sozialutopie, dass er nur einen evolutionären sozialistischen Wandel der Gesellschaftsform akzeptiert. Damit ist jedoch die Behauptung keineswegs belegt, dass Mill kein Befürworter des Sozialismus war. Eine differenziertere Betrachtung hierzu liefert Blaug:

> *„Die sozialen Missstände im Kapitalismus werden von Mill weniger auf das Institut des Privateigentums als auf einen zügellosen Individualismus und das Fehlen von Vorkehrungen gegen den Missbrauch von Eigentumsrechten zurückgeführt. Bemerkenswert ist auch die Millsche Unterscheidung zwischen Kommunismus – eine Gesellschaftsform, in der das Einkommen ungeachtet der Produk-*

302 Beide Autoren haben u.a. jeweils eine eigene umfangreiche Mill-Monographie verfasst.

303 Aßländer/Nutzinger (2008), S. 192.

304 Mill (1968), XI. S. 82; Aßländer/Nutzinger (2008), S. 192.

305 Aßländer/Nutzinger (2008), S. 192.

tivität der Individuen egalisiert ist – und Sozialismus, bei dem die stimulierende Wirkung einer unterschiedlichen geldlichen Entlohnung erhalten bleibt. Die Unterscheidung deckt sich mit der von Marx: Sozialismus – jeder nach seinen Fähigkeiten, Kommunismus – jeder nach seinen Bedürfnissen."[306]

Und Zank umreißt Mills Sozialismus-Verständnis wie folgt: *„Dabei dachte er allerdings nicht an umfassende Verstaatlichungen, sondern an Genossenschaften, Besteuerung exzessiver Erbschaften und ähnliche Reformen.*[307]

Aufgrund der schwerwiegenden sozialen Auswirkungen im Kapitalismus, schreibt Mill an anderer Stelle provokant:

> *„... wenn die Institution privaten Eigentums notwendigerweise dazu führt, dass der Ertrag der Arbeit so wie heute verteilt werden soll, also im nahezu umgekehrten Verhältnis zum Arbeitseinsatz – die größten Anteile für jene, die niemals gearbeitet haben, die nächstgrößten Anteile für jene, deren Arbeit fast unbedeutend ist und so weiter in einer abnehmenden Reihenfolge – wird die Entlohnung zurückgehen, wenn Arbeit härter und unangenehmer wird, bis der körperlich Arbeitende, der am meisten dabei ermüdet und sich erschöpft, nicht einmal mehr mit Sicherheit damit rechnen kann, selbst nur das Lebensnotwendige zu verdienen. Wenn dies oder der Kommunismus die Alternativen sind, wären all die Schwierigkeiten des Kommunismus, ob groß oder klein im Vergleich so nichtig wie Staub."*[308]

Schon in frühen Jahren sind bei Mill viele kapitalismus-kritische Äußerungen zu finden, die teilweise schon marxistisch anmuten: So beklagt er 1829 *„den Hang alles der Kapitalakkumulation zu opfern"*[309] oder, *„dass die »Intensität des Wettbewerbs« die Geschäftsleute dazu treibe, unzulässige Risiken einzugehen."* 1832 erklärt er in einem Zeitungsbeitrag sinngemäß, dass der Staat gesetzlich eingreifen müsse, um sicherzustellen, dass der Grundbesitz nicht länger in einigen wenigen Händen akkumuliert bleibt.[310]

---

306 Blaug (1968), S. 89.
307 Vgl. Zank (06.08.1993).
308 Mill (1963), II, S. 207.
309 Mill (1963), XII, S.31ff.; vgl. de Marchi (1989), S. 283.
310 Vgl. de Marchi (1989), S. 284.

Eine der wenigen Ausnahmen unter den Mill-Rezensenten und Ökonomen ist Schumpeter, denn anders als die meisten anderen Wissenschaftler gesteht er unumwunden ein, dass Mill ein Sozialist war. Er widmet dem Verhältnis Mills zum Sozialismus einen eigenen größeren Abschnitt, aus dem nun einige ausgewählte Einschätzungen zu Mills Sozialismus-Verhältnis angeführt werden sollen:

> *„Wenn er [Mill] in Einzelfragen seine Position änderte, war er doch seit etwa seinem fünfundzwanzigsten Lebensjahr ein evolutionärer Sozialist […]. Für eine Geschichte der Analyse ist die Tatsache lediglich insofern von Bedeutung, als sie die absurde Beschuldigung widerlegt, dass die ‚klassischen' Wirtschaftswissenschaftler an die kapitalistische Wirtschaftsordnung glaubten, als sei sie die letzte und höchste aller Weisheiten. […]."*[311]

Und kurz darauf bekräftigt Schumpeter nochmals: *„J.S. Mill war die Verkörperung dessen, was wir unter einem evolutionären Sozialisten verstehen."*[312] Zusätzlich ist von Schumpeter zu erfahren, dass Mill kurz vor seinem plötzlichen Tod noch ein Buch über den Sozialismus zu schreiben begann. In seiner Charakteristik zu Mills Sozialismus-Auffassung schreibt Schumpeter weiter: *„Die Abänderungen und Berichtigungen* [in Principles] *[…] bedeuten tatsächlich die explizite Anerkennung des Sozialismus als dem Endziel."*[313] Schumpeter erklärt zudem, warum auch von sozialistischer Seite Mill geschnitten wird.

„[Die evolutionären Sozialisten] *waren natürlich nicht nur den Marxisten verhasst, sondern allen Sozialisten, […] für die die Revolution ein wesentlicher Glaubensartikel ist. So geschah es, dass Mills Lehre vom Sozialismus […] den revolutionären Sozialisten viel unangenehmer war, als offene Feindseligkeit hätte sein können."*[314] Anhand dieser Ausführung ist auch das Marx-Zitat aus dem Abschnitt 1.5.2. („Klassischer angelsächsischer Liberalismus") nachvollziehbar, in dem Marx Mill zum Repräsentanten eines geistlosen Synkretismus herabwürdigt.

In Bezug auf den Sozialismus wird auch die Rolle von Mills Frau Harriet Taylor diskutiert. So lässt sich aus diversen Quellen entnehmen,

---

311 Schumpeter (1965), S. 650.
312 Schumpeter (1965), S. 650.
313 Schumpeter (1965), S. 651.
314 Schumpeter (1965), S. 651.

dass die Begegnung mit seiner späteren Frau Harriet Taylor ihn zum *‚selbsternannten Sozialisten'* machte.[315]

Hierzu muss ergänzend angemerkt werden, dass Mill schon vor der ersten Begegnung mit Harriet Taylor von Frühsozialisten wie Henri de Saint-Simon wesentlich beeinflusst war. D.h. auch ohne den Einfluss seiner Frau wäre in Mills Werk dem Sozialismus eine erhebliche Bedeutung zuteil geworden. Vermutlich hätte Mill dem Sozialismus aber eine etwas geringere Priorität in seiner Utopie beigemessen.

Dennoch beklagt Ludwig von Mises bitterlich den „schlechten" Einfluss seiner Frau, zollt aber zugleich Mills sozialistischer Einstellung Respekt:

> *„John Stuart Mill ist schon ein Epigone des klassischen Liberalismus und, besonders in seinen späteren Jahren unter dem Einflusse seiner Frau, voll von schwächlichen Kompromissen. Er gleitet langsam in den Sozialismus über und ist der Urheber der gedankenlosen Vermengung liberaler und sozialistischer Ideen … alle Argumente, die zugunsten des Sozialismus geltend gemacht werden könnten, sind von ihm mit liebevoller Sorgfalt ausgearbeitet worden. Neben Mill gehalten sind alle übrigen sozialistischen Schriftsteller - auch Marx, Engels und Lassalle - kaum von Belang."*[316]

Doch was sagte Mill selbst bezüglich seines Verhältnisses zum Sozialismus? 1873, kurz vor seinem Tod, verfasste Mill noch seine Autobiographie. Darin schreibt er: „[…] *die einzige wesentliche Ansichtenwandlung, die mir noch bevorstand, betraf die Politik; sie bestand […] in einer größeren Annäherung an einen gemilderten Sozialismus."*[317] Was Mill darunter versteht, schildert er an vielen Stellen seiner Autobiographie, wie auch in der folgenden:

> *„Doch ging unser Ideal von schließlicher Verbesserung weit über die Demokratie hinaus und würde uns entschieden unter die Gesamtbezeichnung »Sozialisten« einreihen. Während wir mit allem Nachdruck die Tyrannei der Gesellschaft über das Individuum verwarfen, die man den meisten sozialistischen Systemen unterstellt, nahmen wir doch eine Zeit in Aussicht, in welcher […] die Regel,*

315 Vgl. Zank (06.08.1993); vgl. Dobb (1977), S. 140.
316 von Mises (1927/1993), S. 169f.
317 Mill (1874), S. 159.

»wer nicht arbeitet, soll auch nicht essen« nicht bloß auf die Armen, sondern unparteiisch auf alle Anwendung findet – in welcher die Verteilung des Arbeitserzeugnisses, statt, wie in so hohem Grade jetzt geschieht, vom Zufall der Geburt abzuhängen, durch einstimmige Beschlüsse oder nach anerkannten gerechten Grundsätzen vor sich geht."[318]

Und ergänzend dazu gesteht Mill gleich mehrfach ein, dass seine ursprünglich feindselige Haltung dem Sozialismus gegenüber einer großen Sympathie gewichen sei.[319]

Zu Beginn der Arbeit ist in Tabelle 1 im Abschnitt 1.4. („Ideensystematische Einordnung von Liberalismus") die vorherrschende Auffassung vorgestellt worden, nach der Liberalismus und Sozialismus als zwei völlig gegensätzliche Ideologien zu betrachten sind. Bisher galt dieser konsequent propagierte Antagonismus als unumstößlich. Doch Mill schaffte es mit seinem Modell, diesen Gegensatz weitgehend aufzulösen. Damit ist Mill wohl der erste ökonomische Theoretiker, der eine einigermaßen konsistente Synthese zwischen Liberalismus und Sozialismus kreiert hat. Er kann also als eine Art Wegbereiter des sog. „Dritten Weges" zwischen Sozialismus und Kapitalismus gesehen werden.

Doch es stellt sich die Frage, wie es beim Liberalisten Mill zu der Hinwendung zum Sozialismus gekommen ist.

Mill, selbst Zeitzeuge des Manchester-Liberalismus, konnte sich selbst davon ein Bild machen, welch drastische und sozial verheerende Auswirkungen der Wirtschaftsliberalismus des Laisser faire[320] mit sich brachte. Und er sah, dass trotz Realisierung vieler Laissez-faire-Vorstellungen wie Gewerbefreiheit, Abschaffung der Getreidezölle und Reformierung des Armenrechts nach liberalen Kriterien nicht der propagierte Wohlstand eintrat.[321] Zwar bekennt sich Mill auch weiterhin zum Laisser faire als Grundlage seines Systems, doch erkannte er, dass Laisser faire als alleiniges Prinzip zu sozialen Abgründen führen würde.[322]

---

318 Mill (1874), S. 192f.
319 Vgl. Mill (1874), S. 192, S. 195.
320 Mill verwendet die Schreibung „Laisser faire" statt wie sonst üblich „Laissez faire".
321 Vgl. Zank (06.08.1993); vgl. Ziegler (1998), S. 126.
322 Mill (1921), S. 678ff.

Mill ist also zu der Erkenntnis gelangt, dass der Liberalismus durch ein anderes Ideensystem, nämlich durch das des Sozialismus ergänzt werden müsse, wenn in einem optimalen Endzustand soziale Gerechtigkeit und Sicherheit und Chancengleichheit durch ein politisches System garantiert werden sollen. Erst durch solch ein System sei die Freiheit durch Individualismus und freie Entfaltung von Persönlichkeit möglich.[323] Mill schreibt hierzu:*„Moderne Staaten werden den Satz zu lernen haben, dass die Wohlfahrt eines Volkes auf der Gerechtigkeit und der einsichtsvollen Selbstbestimmung […] der einzelnen Bürger zu beruhen hat."* [324]

Um diesen Zustand zu erreichen, müsste mit Hilfe des Staates die Bildung gefördert werden, damit die Menschen frei und eigenverantwortlich ihr Schicksal gestalten können.[325]

Zusammenfassend ist Mills Botschaft: Wirkliche Freiheit kann erst mit Hilfe von sozialistischen Maßnahmen erreicht werden.

5.5. Abschließende Betrachtung zu Mill

Einige nicht unwesentliche Aspekte sollten in Zusammenhang mit Mill noch bedacht werden, die es Mill-Kritikern besonders schwer machen dürften. Denn im Gegensatz zu den meisten Menschen, die sich dem Sozialismus angenähert haben, gibt es bei Mill einen gravierenden Unterschied.

In den meisten Fällen verläuft der Lebenslauf nämlich wie z.B. bei der 1968er Generation: In der Jugend und im jungen Erwachsenenalter wird der Sozialismus idealisiert, und sobald dies z.B. einer beruflichen Laufbahn im Wege steht, gibt es eine Abkehr von solchen Ideen.[326]

Mill hat jedoch nicht in einer Phase des jugendlich-naiven Idealismus sozialistische Ideen entwickelt, sondern je älter er wurde, desto mehr nahm der Hang zum Sozialismus zu. D.h. niemand kann dies als ju-

323 Vgl. Mill (1921), S. 393.
324 Mill (1921), S. 403.
325 Vgl. Mill (1921), S. 404f. ; vgl. Zank (05.08.1993).
326 Die bekanntesten Extrembeispiele für eine solche Entwicklung waren Bundeskanzler Gerhard Schröder und Außenminister Joschka Fischer durch ihre neoliberalen Reformen (Agenda 2010, Steuerliche Entlastung von Kapitalgesellschaften, usw.).

gendlich-naive Schwärmerei abtun. Zudem können Mill-Kritiker auch nicht bemängeln, dass Mill geistig manipuliert worden sei bzw. die Schattenseiten eines sozialistischen Systems nicht durchschaut habe. Denn wie schon zu Beginn dieses Abschnitts („Biographischer Hintergrund") gezeigt wurde, war er aufgrund seiner Erziehung ein Universalgelehrter und Intellektueller, der seinesgleichen sucht. Gemäß der Mill'schen Sozialutopie bleibt auch die in der Liberalismus-Definition (Abschnitt 1.2.) in Bezug auf die freie Marktwirtschaft genannte Notwendigkeit des Privateigentums an den Produktionsmitteln nicht mehr zwingend erforderlich.

Der besondere Verdienst von Mill war letztlich die kausale Trennung von Produktion und Verteilung. Nur die Gesetze der Produktion sind nach seiner Erkenntnis unveränderlichen Naturgesetzen unterworfen. Dagegen beruhen Gesetze von Güterverteilung auf von Menschen gemachten Regeln, die jederzeit verändert werden können.[327]

Es gibt noch eine Besonderheit, die es zu würdigen gilt:

Mill hat immer versucht Denkverbote und geistige Tabus zu überwinden. Das war auch die Voraussetzung, um den von Smith und Ricardo vorgegebenen klassischen Pfad neu zu gehen. Passend erklärte Mill bzgl. der Politischen Ökonomie, dass sie nicht *„die Unveränderlichkeit der gesellschaftlichen Einrichtungen als gegeben hinnehmen"* [dürfe] [...] *mit dem nahezu unbeschränkten Geltungsanspruch, wie er nur universalen und absoluten Wahrheiten zukommt, Behauptungen aufstellen darf, die für keinen gesellschaftlichen Zustand gelten außer eben für den, in dem der Verfasser zufällig lebt."*[328]

Damit ist Mills Kritik aktueller denn je. So herrscht seit der Hegemonie des Neoliberalismus in der zweiten Hälfte des 20. Jahrhunderts das TINA-Prinzip: „There Is No Alternative", ein Satz, der dazu dient, alle Einwände gegenüber neoliberaler Politik auszuhebeln, und der von Margaret Thatcher regelmäßig verwendet wurde.[329]

327 Aßländer/ Nutzinger (2008), S. 193.
328 Mill (1963), IV, S. 225; de Marchi (1989), S. 274.
329 Vgl. Veerkamp (2005), S. 130, S. 133.

6. Politische Realisierung des klassischen Liberalismus in Deutschland

6.1. Der erste Versuch - 1971

Einen ersten Versuch, den Klassischen (Wirtschafts-)Liberalismus politisch zu realisieren, gab es im Jahr 1971 in Deutschland. Damals unternahm die FDP den Versuch, unter Federführung des FDP-Fraktionsvorsitzenden Karl-Hermann Flach, des FDP-Vorsitzenden Walter Scheel und des Rechtswissenschaftlers und -philosophen Professor Werner Maihofer die Mill'sche Sozialutopie in eine Realpolitik zu überführen.

Nachdem schon 1969 auf dem FDP-Bundesparteitag die „Nürnberger Wahlplattform" erste Schritte in Richtung einer Neupositionierung des realpolitischen Liberalismus stattfanden, kam es auf dem Parteitag 1971 zur Verabschiedung des revolutionären Parteiprogramms „Freiburger Thesen".

Schon in der Einleitung dieses Parteiprogramms, das maßgeblich von Flach, Scheel und Maihofer konzipiert wurde, werden die geistigen Väter dieses Programms genannt: John Stuart Mill und Friedrich Naumann, wobei Mills Idee der Zukunftsgesellschaft in dem Parteiprogramm eindeutig dominiert und auch allgegenwärtig ist.[330]

So heißt es in dem Programm:

> *„Freiheit bedeutet für den modernen Liberalismus, wie er bei John Stuart Mill in England und bei Friedrich Naumann in Deutschland erstmals in Gedanken gefasst ist, nicht länger die Freiheit eines aus der Gesellschaft herausgedachten, dem Staate entgegengesetzten autonomen Individuums, sondern die Freiheit jenes autonomen und sozialen Individuums, wie es als immer zugleich einzelhaftes und gesellschaftliches Wesen in Staat und Gesellschaft wirklich lebt."*[331]

330 Auf eine Vergleichsanalyse zwischen Mills Vorstellungen und den „Freiburger Thesen" muss an dieser Stelle verzichtet werden, da dies den Rahmen der Arbeit sprengen würde.

331 http://www.freiheit.org/files/288/1971_Freiburger_Thesen.pdf (S. 6).

Durch den frühen Tod von Karl-Hermann Flach, der treibenden Kraft der „Freiburger Thesen", veränderte sich 1973 jedoch das Kräfteverhältnis in der Partei und auf Betreiben seiner Nachfolger wurde die sozial-liberale Programmatik sukzessive wieder zurückgenommen.

6.2. Ein zweiter Versuch als Alternative zur Agenda 2010?

Es stellt sich nun die Frage, inwieweit ein Wirtschafts- und Gesellschaftskonzept in Deutschland auf Grundlage des klassischen Liberalismus in die Gegenwart transformiert werden könnte.

Es muss betont werden, dass es sich hier um ein rein fiktives Gedankenexperiment handelt, das also keinen Anspruch auf Realisierbarkeit erhebt.

Der gegenwärtigen wirtschaftspolitischen Konstellation in Deutschland muss natürlich Rechnung getragen werden, so dass bei der Umsetzung einige kleine Anpassungen vorgenommen werden müssten.

Die konkrete Realisierung könnte wie folgt aussehen:

Ein wichtiges Ziel der drei vorgestellten Klassischen Liberalisten war: Jeder sollte von seiner Arbeit leben können und gleichzeitig eine Familie mit zwei Kindern und Frau anständig versorgen können. Zugleich soll aber keine Armen-Unterstützung bzw. auf die Gegenwart übertragen keine Grundsicherung mehr bestehen.[332]

Da in einem modernen sozialen industrialisierten Staat ausreichend Waren und Lebensmittel für die gesamte Bevölkerung verfügbar sind, bräuchte auch niemand mehr Mangel zu leiden. Um den Klassikern gerecht zu werden, müsste jeder arbeitsfähige Bürger auch arbeiten. Demzufolge müsste der Staat allen arbeitsfähigen Erwerbslosen Arbeit zur Verfügung stellen. Mit so einem Ansatz ließe sich gleichzeitig sogar das „Recht auf Arbeit" verwirklichen, das schon 1881 Bismarck einführen wollte.[333] Da das Arbeitslosengeld ohne Gegenleistung laut Smith und Ricardo nicht gewährt werden darf, müsste jeder ALG-Empfänger (Arbeitslosengeld = ALG) durch eine sinnvolle Tätigkeit sein Arbeitslosengeld erarbeiten.

---

332 Siehe Abschnitt 3.1. Ricardo spricht sich gegen die Armengesetze aus.

333 Vgl. Richter (1962), S. 427.
In der Weimarer-Verfassung und in der DDR-Verfassung war das Grundrecht auf Arbeit verbrieft. Dies hatte der damalige Innenminister Wolfgang Schäuble 1990 aus dem Einigungsvertrag streichen lassen. Vgl. Hochhuth (2000), S. 125.

Entsprechend den Vorgaben der Klassischen Liberalen müsste der Arbeitslohn ein würdevolles Leben und eine Familienversorgung gewährleisten.[334] Daher soll der vom Deutschen Gewerkschaftsbund (DGB) angepeilte Mindestlohn von 8,50 € für das fiktive Rechenmodell übernommen werden.[335] Wobei auch ein DGB-Mindestlohn bei einer 40-Stunden-Woche einer alleinstehenden Person gegenwärtig lediglich ein Nettoeinkommen von etwas mehr als 1000 € belassen würde. D.h. selbst der häufig als viel zu hoch kritisierte gewerkschaftliche Mindestlohn gewährt letztlich nur ein Einkommen, welches geringfügig über dem absoluten Existenzminimum liegt!

Ein gewerkschaftlicher Mindestlohn ist mit dem Klassischen Liberalismus vereinbar, da Smith und insbesondere Mill sich für Arbeitervereinigungen aussprechen, die den Arbeiter vor Lohndruck schützen sollen.[336]

Es soll zur Vereinfachung beim Arbeitslosengeld exemplarisch anhand eines Ein-Personen-Haushalts mit einer Sozialtransferleistung von 900 € gerechnet werden. Es handelt sich dabei um den Betrag, der zurzeit (Stand: 2010) ALG-II-Empfängern in Ein-Personen-Haushalten gewährt wird. Die Summe von 900 € [337] setzt sich folgendermaßen zusammen[338]:

378 € Max. Bruttowarmmiete

\+ 359 € Regelleistung

\+ 145 € Kranken- und Pflegeversicherung (ARGE-Zuschuss)

\+ 18 € GEZ-Gebühr:

= 900 €

334 *„Daher hängt der natürliche Preis der Arbeit von dem Preise der Lebensmittel, Bedarfsartikel und Annehmlichkeiten ab, die zum Unterhalt des Arbeiters und seiner Familie notwendig sind."* Ricardo (1980), S. 81.

335 www.spiegel.de/politik/deutschland/0,1518,679257,00.html

336 Siehe bei J. St. Mill unter Abschnitt 5.3.1.

337 www.berlin.de/ba-charlottenburg-wilmersdorf/org/soziales/grundsicherung.html.
http://dipbt.bundestag.de/dip21/btd/17/005/1700548.pdf
Die Beträge beziehen sich auf Berlin, Stand April 2010, Cent-Beträge sind gerundet.

338 Die Grundsicherung besteht aus der Bruttowarmmiete und der Regelleistung.

Durch eine über den Mindestlohn von 8,50 € bezahlte und vom Staat zur Verfügung gestellten Arbeit müssten demnach die 900 € erarbeitet werden.

900 Euro pro Person im Monat bei einem Mindestlohn von 8,50 €/Std. ergäbe umgerechnet also eine Wochenarbeitszeit von rund 24 Stunden. Zudem wäre es jedem arbeitsfähigen Arbeitslosen über die verpflichtenden 24 Stunden hinaus erlaubt zusätzlich erwerbstätig zu sein, natürlich mindestens zu dem allgemein verbindlichen Mindestlohn von 8,50 €.

Die über die 24 Stunden Wochenarbeitszeit hinausgehende Arbeit müsste hinsichtlich der Steuern und Sozialabgaben mit anderer nichtstaatlicher Arbeit zumindest gleichbehandelt werden, um Fehlanreize zu verhindern. Arbeitsfähige Menschen, welche die Annahme von fair bezahlter Arbeit verweigern, könnten z.B. als Sanktionsmaßnahme ihre Regelleistung in Höhe von 359 € ganz oder teilweise nur in Form von Gutscheinen ausgezahlt bekommen. Dadurch wäre weiterhin gewährleistet, dass die Grundbedürfnisse befriedigt bleiben.

Der Steuertarif ist gemäß der Klassiker proportional (flat tax).[339] Da ein einfacher Arbeiter nur so viel verdient, dass er durch seine Arbeit sich und seine Familie anständig versorgen kann, wäre er von der Steuer befreit. Für alle anderen könnte eine flat tax von z.B. 40% auf sämtliche Einkommen eingeführt werden. Es darf jedoch keine Möglichkeiten von steuerlichen Abschreibungen geben, denn dies wäre gemäß den Klassikern ein regelwidriger Eingriff des Staates in das Marktgeschehen.[340] Da der Staat im Regelfall nicht in den freien Wettbewerb eingreifen soll, wäre somit jede Form von Subventionen für die Wirtschaft ausgeschlossen, inklusive der Lohnsubvention in Form von Kombilöhnen („Aufstocker").[341]

Da es Staatsaufgabe ist, einen vollkommenen Wettbewerb zu gewährleisten, müsste er die Entstehung von Kartellen, Monopolen und Oligopolen unterbinden mit Hilfe einer mächtigen Kartellbehörde. Eine wirkliche Wettbewerbssituation in der Wirtschaft könnte jedoch nur dadurch auf Dauer gewährleistet werden, wenn Unternehmen ab ei-

339 Siehe bei Smith unter Abschnitt 2.5.2. und bei Mill unter Abschnitt 5.3.2.

340 Der freie und faire Wettbewerb war das Grundprinzip bei allen drei Klassikern. Steuerliche Abschreibungen würden dieses Grundprinzip jedoch massiv verletzen.

341 Siehe z.B. bei Smith unter Abschnitt 2.2. und bei Ricardo unter Abschnitt 3.1.

ner gewissen Größe (Bilanzsumme, Marktanteil, etc.) automatisch zerschlagen würden. Nur so ließe sich ein echter und fairer Wettbewerb mit echter Chancengleichheit, wie er Smith und seinen Nachfolgern vorschwebte, erreichen.

Nach Mills Vorstellung sollten Vermögen möglichst gleichmäßig verteilt sein, dies ließe sich nur erreichen, indem Mitarbeiter an ihren Unternehmen beteiligt würden, z.B. in Form von Genossenschaften.[342] Zudem sollten Landarbeiter ein Stück Land zur Verfügung gestellt bekommen, um es selbst bewirtschaften können.

Die Erbschaftssteuer gewährt in der hier entworfenen Utopie jedem Erben einen großzügigen Freibetrag, der Rest müsste jedoch an den Staat abgeführt werden.[343]

Freihandel sollte nur zwischen wirtschaftlich und sozial ähnlich aufgestellten Volkswirtschaften gestattet werden. An dieser Stelle erfolgt eine kleine Änderung zu den originären Vorstellungen der Klassiker, da ein System, das auf Ausbeutung basiert, genau gegen die klassisch-liberale Auffassung einer sozial gerechten Gesellschaft verstößt. Da alle Menschen gleich sind nach klassisch-liberaler Auffassung, dürften demnach Menschen in armen Ländern nicht durch Freihandel benachteiligt werden. Würde zudem noch der Vorschlag von Ricardo realisiert, dass die Vermögenden eines Landes durch eine einmalige Vermögenssteuer die Staatsverschuldung begleichen sollten, könnte die wegfallende Zinslast des Staates im Gegenzug als eine massive Steuerentlastung den Vermögenden zugute kommen.[344]

Da Smith klar definiert, dass der Staat jene gesellschaftlichen Bereiche finanzieren soll, wo für die Wirtschaft aufgrund mangelnder Gewinnaussichten kein Interesse für ein Engagement besteht,[345] wäre trotz gegenwärtiger Arbeitslosigkeit ausreichend Arbeit vorhanden. Diese Arbeit erzeugt aus privatwirtschaftlicher Perspektive keine Rendite, würde aber der Gesellschaft dennoch einen erheblichen „Mehrgewinn" bringen. Wichtige Aufgaben für das öffentliche Wohl, die bisher nicht ausreichend erfüllt werden und sich privatwirtschaftlich nicht rentieren, wären beispielsweise:

342 Siehe bei Mill unter Abschnitt 5.3.4.
343 Siehe Mill unter Abschnitt 5.3.2.
344 Siehe bei Ricardo im Abschnitt 3.2.1.
345 Siehe bei Smith unter Abschnitt 2.3.3.

- Umweltschutz (z.B. Beseitigung von Umweltverschmutzung, Bekämpfung von Umweltschädlingen)
- Gesundheitswesen (z.B. Alten- und Krankenpflege)
- Erziehung und Betreuung von Kindern (z.B. Nachhilfe), Jugend- und Sozialarbeit (z.B. Streetworker)
- Bewirtschaftung und Pflege von öffentlichen Anlagen und Parks und (Kultur-)Landschaften
- Höhere Dichte an Lehrkräften an Schulen und Universitäten

Bei Umsetzung eines solchen Systems nach klassisch-liberalen Vorstellungen würde vermutlich eine sozialere Gesellschaftsordnung entstehen als im Status quo, in dem mit Dumpinglöhnen, „Aufstockern" und einem würdelosen Hartz-IV-System immer weniger Menschen einen Lohn bekommen, von dem sie in Würde leben können.

Außerdem würde durch die Lohnanpassung die Kaufkraft steigen und die lange vernachlässigte Binnenkonjunktur wieder anziehen.

Da die Liberalen großen Wert auf Bildung legen, müsste ein höherer Anteil des BIP verpflichtend in die Bildung, Forschung und Wissenschaft investiert werden.

7. Fazit

In dieser Arbeit wurde der klassische Wirtschaftsliberalismus von vielen Seiten beleuchtet und eine ganze Reihe von Positionen, Ideen und Utopien vorgestellt. Dabei wurde aufgezeigt, dass zumindest die Utopien von Smith und Ricardo zu einer Zeit entstanden, als noch niemand erahnen konnte, in welchem Ausmaß wirtschaftliche Freiheit auch zu gesellschaftlicher Unterdrückung führen kann.

In dieser Arbeit wurde gezeigt, dass selbst innerhalb des Klassischen Wirtschaftsliberalismus zwischen den einzelnen Theorien große Unterschiede bestehen. Der Liberalismus von John Stuart Mill hat eine doch erkennbar abweichende Auffassung bzgl. der Funktion des Staates, denn Mill weist dem Staat weitaus mehr Aufgaben zu, als dies seine Vorgänger taten.

Mill hat im Vergleich zu seinen Vorgängern eine umfassende Vision für die Gesellschaft. Und im Gegensatz zu Smith und Ricardo glaubt er daran, dass das Erreichen eines gewünschten Idealzustands aktiv durch Menschen beeinflusst werden kann bzw. sollte. Smith' Optimismus und Ricardos Pessimismus dagegen erweisen sich bei näherer Betrachtung als zwei Seiten der gleichen Medaille. Smith vertraute nach der stoischen Weltanschauung darauf, dass ein aktives menschliches Eingreifen eigentlich nicht erforderlich ist, da der Idealzustand („Beinahe-Gleich-Verteilung" von lebensnotwendigen Gütern) dank der göttlichen „invisible hand" von selbst eintreten würde.[346]

Nach Ricardo ist wiederum ein aktives menschliches Eingreifen deshalb sinnlos, weil gemäß seiner Auffassung höhere ökonomische Gesetzmäßigkeiten jeden Versuch der Veränderung im Ansatz schon zunichte machen würden. Die sich aus den beiden scheinbar konträren Weltanschauungen ergebenden Folgen sind im Endeffekt jedoch identisch, denn sie überlassen beide die Menschen dem Schicksal einer höheren Macht. Bei ihnen hat der Staat lediglich die Funktion, Fehlentwicklungen einzudämmen bzw. zu korrigieren. Der Staat hat metaphorisch gesprochen die Rolle einer Feuerwehr. Er darf nach ihren Vorstellungen, bis auf wenige Ausnahmen, nicht selbst als aktiver Ak-

346 Vgl. Smith (1977), S. 316; siehe dazu auch den Abschnitt „Das Adam-Smith-Problem"

teur gestalterisch in den Entwicklungsprozess der Gesellschaft (z.B. Verteilung) eingreifen.

Smith und Ricardo sind beide noch Gefangene ihres Modells. Den Ausbruch aus dem engen Korsett des Klassischen Modells wagt erst Mill. Dabei hat ihm sicherlich auch seine umfassende Bildung genutzt.

Es konnte in dieser Arbeit gezeigt werden, dass der radikale Liberalist Mill aufgrund seines moralischen Weltverständnisses später erkannt hat, dass der Klassische Liberalismus ohne grundlegende Akzentverschiebungen der Mehrzahl der Menschen nicht nützen, sondern sie massiv benachteiligen würde.

Aus dieser Erkenntnis heraus hat Mill den missbrauchsanfälligen Liberalismus durch das Ideensystem des Sozialismus ergänzt, um ihn wieder seinen ursprünglichen Zielsetzungen wie Freiheit, Individualität, aber auch Chancengleichheit und (sozialer) Gerechtigkeit zuzuführen.

Der Laissez-faire-Liberalismus damals und der Neoliberalismus heute führten und führen vor Augen, dass Freiheit, die nicht durch höhere Instanzen reglementiert wird, lediglich zur Freiheit weniger und zur Unfreiheit vieler führt.

Die Vertreter eines radikalen (Wirtschafts-)Liberalismus sind nämlich der Auffassung, dass Freiheit primär bedeutet, befreit von jeglichen äußeren Einflüssen wie z.B. dem Staat zu sein und das dies die größte moderne Errungenschaft sei.

Diese vor allem in angelsächsischen Ländern dominierende Sicht nimmt viel Elend in Kauf, das letzten Endes sogar nicht nur allein die unterprivilegierten Schichten trifft.

Und genau diese angelsächsische Sicht hat den Laissez-faire-Liberalismus damals wie den Neoliberalismus heute zu sozial ungerechten und zu von Wirtschaftsinteressen gesteuerten Ideologien werden lassen.

So wird derzeit US-Präsident Barack Obama von vielen Landsleuten als „Sozialist“ angefeindet, weil er ein Gesetz für eine staatliche Krankenversicherung für alle Bürger einführen will. Dies ist für Neoliberale bereits ein inakzeptabler Eingriff in die Freiheit.

Bereits im 19. Jahrhundert hatte Ferdinand Lassalle eine solche Freiheitsdefinition, wie folgt, polemisch zuspitzt: *„Freizügigkeit und Gewerbefreiheit bedeuten für den Arbeiter, nur das Recht, zu bestimmen, wo er verhungern will."*[347]

Aufgrund der negativen Entwicklungen für große Teile der Bevölkerung, hat sich John Stuart Mill dem Sozialismus zugewandt, um die nachteiligen Auswirkungen des Liberalismus zu kompensieren. Denn für Mill sind neben individueller, politischer und wirtschaftlicher Freiheit auch soziale Gerechtigkeit und Chancengleichheit liberale Ziele.

Ein wesentliches Ziel dieser Arbeit war es auch zu zeigen, dass trotz der Schwächen und Lücken in den Theorien von Smith und Ricardo ihre Utopien dennoch keine theoretische Grundlage für den Laissez-faire- bzw. Neoliberalismus lieferten bzw. liefern.

Die Marktfundamentalisten haben sich bei den klassischen Ökonomen einseitig bedient, indem sie einfach die für sie passenden Elemente herausgesucht und übernommen haben. Deshalb kommentiert Dieter Eißel auch treffend dieses Vorgehen am Beispiel von Smith:

> *„Smith, der schottische Moralphilosoph, wird hierzulande zwar als der englische Theoretiker des Erzmanchesterkapitalismus angesehen, ist aber weder das eine noch das andere. Man kann durchaus bei diesem schottischen Moralphilosophen viel soziales Gespür für die Machenschaften der Reichen und Nöle der Armen bzw. Arbeiter herauslesen – wenn man will."* [348]

Diese Aussage deckt das zentrale Ergebnis dieser Arbeit, dass die gründliche Auseinandersetzung mit den Originaltexten und die Bereitschaft die wahren Motive der Klassiker zu suchen, die Voraussetzungen sind, um zu verstehen, dass Liberalismus zugleich auch soziale Gerechtigkeit und Chancengleichheit bedeutet.

347 Boelcke (1980), S. 43
348 Eißel (1997), S. 130f.

Literaturverzeichnis

Adam, Hermann (2007): *Bausteine der Politik - Eine Einführung*, VS-Verlag für Sozialwissenschaften, GWV Fachverlage GmbH: Wiesbaden.

Altvater, Elmar (2007): *Das Ende des Kapitalismus wie wir ihn kennen – Eine radikale Kapitalismuskritik* Verlag Westfälisches Dampfboot: Münster.

Aßländer, Michael S. (2007): *Adam Smith zur Einführung*, Junius Verlag GmbH: Hamburg.

Aßländer, Michael S./Nutzinger Hans G. (2008): John Stuart Mill, Hrsg.: Heinz D. Kurz, *Klassiker des ökonomischen Denkens*, Bd.1, Verlag C.H. Beck oHG: München, S. 176-195.

Beise, Marc (2009): Ein Freier Markt, aber mit Regeln, in: Hrsg.: Marc Beise u. Ulrich Schäfer, *Kapitalismus in der Krise*, Süddeutsche Zeitung Edition: München. S. 52-56.

Blaug, Mark (1968): *Systematische Theoriengeschichte der Ökonomie* Bd.2, Nympfenburger Verlagshandlung GmbH: München.

Boelcke, Willi Alfred (1980): Liberalismus, in: Willi Albers, Anton Zottmann, *Handwörterbuch der Wirtschaftswissenschaft*: (HdWW) Bd.5, Gustav Fischer: Stuttgart/ New York, J.C.B. Mohr: Tübingen, Vandenhoeck & Ruprecht: Göttingen/Zürich : S. 32-47.

Deckwirth, Christina (2005): Deregulierung, in: Wissenschaftlicher Beirat von attac, *ABC der Globalisierung*, VSA Verlag: Hamburg, S. 32-33.

Drexl, Josef (1998): *Die wirtschaftliche Selbstbestimmung des Verbrauchers: Eine Studie zum Privat und Wirtschaftsrecht unter Berücksichtigung gemeinschaftsrechtlicher Bezüge*, Ius Privatum 31, Mohr Siebeck: Tübingen.

Ehrlicher, Werner (1975): *Kompendium der Volkswirtschaftslehre, Bd. 1*,Vandenhoeck & Ruprecht: Göttingen 5. Aufl.

Eißel, Dieter (1997): Reichtum unter der Steuerschraube? Staatlicher Umgang mit hohen Einkommen, in: Hrsg.: Ernst-Ulrich Huster, *Reichtum in Deutschland -Die Gewinner in der sozialen Polarisierung,* Campus Verlag: Frankfurt/M./New York, 2. aktual. und erw. Aufl.

Eltis, Walter (1989): David Ricardo, in: Joachim Starbatty, *Klassiker des ökonomischen Denkens, Bd. 1,* Von Platon bis John Stuart Mill, C.H. Beck'sche Verlagsbuchhandlung, München, S. 188-207.

Emmanuel, Arghiri (1972): *Unequal Exchange: A Study of Imperialism of Trade,* Monthly Review Press: New York & London.

Flach, Karl-Hermann (1971): *Noch eine Chance für die Liberalen -Eine Streitschrift,* S. Fischer Verlag GmbH: Frankfurt/M.

Fleischacker, Samuel (2005): Smith und der Kulturrelativismus, in Hrsg.: Christel Fricke/ Hans-Peter Schütt, *Adam Smith als Moralphilosoph,* Walter de Gruyter GmbH & Co. KG: Berlin, S. 100-127.

Galbraith, John Kenneth (2007): *Die Ökonomie des unschuldigen Betrugs - Vom Realitätsverlust der heutigen Wirtschaft,* Pantheon Verlag in der Verlagsgruppe Random House GmbH: München.

Gall, Lothar (1976): *Liberalismus,* Kiepenheuer und Witsch: Köln.

Hayek, Friedrich A. von (1959): Liberalismus (I) -Politischer Liberalismus, in: Hrsg. von Erwin von Beckerath u.a., *Handwörterbuch der Sozialwissenschaften,* Bd. 6, Gustav Fischer [u.a.]: Stuttgart [u.a.] S. 591-596.

Hegenbart, Rainer (1994): *Wörterbuch der Philosophie,* Gondrom Verlag GmbH & Co. KG: Bindlach

Heine, Hansjörg/Herr, Michael (2003): *Volkswirtschaftslehre-Paradigmenorientierte Einführung in die Mikro- und Makroökonomie,* R. Oldenbourg Verlag: München/Wien, 3., überarb. u. erw. Auflage.

Helmedag, Fritz (1992): *Warenproduktion mittels Arbeit – Zur Rehabilitation des Wertgesetzes*, Metropolis- Verlag, Marburg.

Hochhuth, Rolf (1971): Krieg und Klassenkrieg -Studien, Rowohlt Taschenbuch Verlag GmbH: Reinbek bei Hamburg.

Hochhuth, Rolf (2000): Das Recht auf Arbeit -Drama, Rowohlt Verlag GmbH: Reinbek bei Hamburg.

Hobbes, Thomas (1965): *Leviathan oder Wesen, Form und Gewalt des kirchlichen und bürgerlichen Staates*, Rowohlt: Reinbek bei Hamburg, im Original 1651.

Holub, Hans-Werner (2006): *Eine Einführung in die Geschichte des ökonomischen Denkens*, Bd. 3, LIT Verlag GmbH: Wien.

Hofmann, Werner (1979): *Wert- und Preislehre*, 1. Bd., Duncker & Humboldt, Berlin, 3. Aufl.

Kisker, Klaus-Peter (1964): *Erbschaftsteuer als Mittel der Vermögensredistribution -Eine empirische und theoretische Untersuchung*, Duncker & Humblot: Berlin.

Kittsteiner, Heinz-Dieter, (1984): Ethik und Teleologie: Das Problem der „unsichtbaren Hand" bei Adam Smith, in: Hrsg.: Franz-Xaver Kaufmann, Hans Günter Krüsselberg, *Markt, Staat und Solidarität bei Adam Smith*, Campus: Frankfurt/M., S. 41-74.

Klump, Rainer(2002): Der englisch-portugiesische Handel und die Entwicklung der modernen Außenhandelstheorie, in: Hrgs.: Rainer Gömmel/Markus A. Denzel, *Weltwirtschaft und Wirtschaftsordnung – Festschrift für Jürgen Schneider zum 65. Geburtstag*, Franz Steiner Verlag: Stuttgart, S. 125-138.

Kolb, Gerhard (2004): Geschichte der Volkswirtschaft -Dogmenhistorische Positionen des ökonomischen Denkens, Verlag Franz Vahlen: München, 2. überarb. u. erw. Aufl.

Kromphardt, Jürgen (2004): *Konzeptionen und Analysen des Kapitalismus*, Vandenhoeck & Ruprecht: Göttingen, 4. Aufl.

Koesters, Paul Heinz (1985): *Ökonomen verändern die Welt-Wirtschaftstheorien, die unser Leben bestimmen*, Wilhelm Goldmann Verlag: München.

Kurz, Robert (1999): *Schwarzbuch Kapitalismus - Ein Abgesang auf die Marktwirtschaft*, Eichborn Verlag AG: Frankfurt/M.

Kurz, Heinz D.(1991): *Adam Smith -Ein Werk und seine Wirkungsgeschichte*, Metropolis-Verlag: Marburg, 2. Aufl.

Kurz, Heinz D.(1998): *Ökonomisches Denken in klassischer Tradition. Aufsätze zur Wirtschaftstheorie und Theoriegeschichte*, Metropolis-Verlag: Marburg.

Kurz, Heinz D.(2008): David Ricardo, Hrsg.: Heinz D. Kurz, *Klassiker des ökonomischen Denkens*, Bd.1, Verlag C.H. Beck oHG: München, S. 120-139.

Lassalle, Ferdinand (1919): *Gesammelte Reden und Schriften*, Hrsg. Eduard Bernstein, Bd. 2, Paul Cassirer Verlag: Berlin.

Linß, Vera (2007): *Die wichtigsten Wirtschaftsdenker*, Marix Verlag GmbH: Wiesbaden.

List, Friedrich (2005): *Das nationale System der politischen Oekonomie*, Bd. 1, Adamant Media Corporation: Chestnut Hill, Originalnachdruck (1844) von J. G. Cotta: Stuttgart/Tübingen.

Locke, John (1998): Hrsg.: Walter Euchner, *Zwei Abhandlungen über die Regierung*, 7. Auflage, Suhrkamp Verlag: Frankfurt/M.

Maier-Rigaud, Frank P. /Maier-Rigaud, Gerhard (2001): *Das neoliberale Projekt*, Hrsg.: Frank P. Maier-Rigaud/Gerhard Maier-Rigaud, Metropolis Verlag: Marburg, 3. überarb. Aufl., S. 201-306.

de Marchi, Neil (1989): John Stuart Mill, in: Joachim Starbatty, *Klassiker des ökonomischen Denkens, Bd. 1*, Von Platon bis John Stuart Mill, C.H. Beck'sche Verlagsbuchhandlung, München, S. 266-290.

Marx, Karl (1970): *Das Kapital - Kritik der politischen Ökonomie.* Erster Band, Karl Marx-Friedrich Engels-Werke (MEW) Bd. 23, Dietz Verlag: Berlin.

Marx, Karl (1971): *Theorien über den Mehrwert,* Erster Teil, Karl Marx-Friedrich Engels-Werke (MEW), Bd. 26.1, Dietz Verlag: Berlin.

Meyer, Thomas (1986): Lexikon des Sozialismus, Bund-Verlag GmbH, Köln.

Mill, John Stuart (1874): *John Stuart Mill's Selbstbiographie,* Hrsg: Carl Kolb, Meyer & Beller's Verlag: Stuttgart.

Mill, John Stuart (1921): *Grundsätze der politischen Ökonomie - mit einigen ihrer Anwendungen auf die Sozialphilosophie,* Bd.2, in Hrsg: H. Waentig, Sammlung sozialwissenschaftlicher Meister Bd. 18: Jena, 2. Aufl.

Mill, John Stuart (1913) und (1924): *Grundsätze der politischen Ökonomie - mit einigen ihrer Anwendungen auf die Sozialphilosophie,* Bd.1, in Hrsg: H. Waentig, Sammlung sozialwissenschaftlicher Meister Bd. 17: Jena, 2. Aufl.

Mill, John Stuart (1963): *Collected Works,* II, IV, VII, XII, Hrsg.: J. M.: Robson, Toronto & London.

Mill, John Stuart (1968): *Gesammelte Werke in 12 Bänden;* XI; Hrsg. Th. Gomperz: Aalen.

von Mises, Ludwig (1927/1993): *Liberalismus,* Academia Verlag: Sankt Augustin, Hrsg. Friedrich-Naumann-Stiftung, Nachdruck der Originalausgabe von 1927 des Gustav Fischer Verlags: Jena.

von Mises, Ludwig (1959): Liberalismus (II) - Wirtschaftlicher Liberalismus, in: Hrsg. von Erwin von Beckerath u.a., *Handwörterbuch der Sozialwissenschaften,* Bd. 6, Gustav Fischer [u.a.]: Stuttgart [u.a.] S. 596-603.

Moeller, Hero (1950): Liberalismus, in: *Jahrbücher für Nationalökonomie und Statistik,* Bd. 162, Verlag Gustav Fischer: Stuttgart, S. 214-240.

Niehans, Jürg (1995): *Geschichte der Außenwirtschaftstheorie im Überblick,* J.C.B. Mohr (Paul Siebeck): Tübingen.

Pätzold, Jürgen (1994): *Soziale Marktwirtschaft: Konzeption-Entwicklung-Zukunftsaufgaben,* Verlag Wissenschaft & Praxis Dr. Brauner GmbH: Berlin/Ludwigsburg, 6. überarb. Aufl.

Persky, Joseph (1995): Retrospectives: The ethology of Homo economicus, in: *Journal of Economic Perspectives* 9 (2), S. 221-231.

Peters, Hans-Rudolf (2002): *Wirtschaftssystemtheorie und Allgemeine Ordnungspolitik,* R. Oldenbourg Verlag: München/Wien, 4., überarb. u. erw. Aufl.

Ptak, Ralf (2004): *Vom Ordoliberalismus zur Sozialen Marktwirtschaft – Stationen des Neoliberalismus in Deutschland,* Leske + Budrich: Opladen.

Ptak, Ralf (2005): Liberalisierung, in: Hrsg.: Wissenschaftlicher Beirat von attac, *ABC der Globalisierung,* VSA Verlag: Hamburg, S. 106f.

Quesnay, François (1976): Hrsg.: Marguerite Kuczynski : *François Quesnay, Ökonomische Schriften - Schriften aus den Jahren 1763-1767.* (Bd. 2) Akademie-Verlag: Berlin.

Raphael, David D./Macfie, Alec L. (1984): *Introduction, in Adam Smith: The Theory of Moral Sentiments,* The Glasgow edition of the Works and Correspondence of Adam Smith, Volume 1.

Raphael, David D. (1991): *Adam Smith,* Campus Verlag: Frankfurt/M.

Recktenwald, Horst Claus (1974), Würdigung des Werkes, in: *Der Wohlstand der Nationen - Eine Untersuchung seiner Natur und seiner Ursachen,* C.H. Beck'sche Verlagsbuchhandlung, München, S. V-LXXIX.

Reuter, Norbert (2006): Laissez faire, in: Hrsg.: Hans-Jürgen Urban, *Abc des Neoliberalismus,* VSA Verlag: Hamburg, S. 139-140.

Ricardo, David (1980): *Grundsätze der politischen Ökonomie und der Besteuerung*, Hrsg.: Fritz Neumark, Europäische Verlagsanstalt GmbH: Frankfurt/M.

Ricardo, Moses/Sraffa, Piero (1971): David Ricardo, in: Hrsg.: Horst Claus Recktenwald, *Geschichte der politischen Ökonomie –Eine Einführung in Lebensbildern*, Alfred Kröner Verlag: Stuttgart, S.163-172.

Richter, Werner (1962): *Bismarck*, S. Fischer Verlag GmbH: Frankfurt/M.

Robbins, Lord Lionel C. (1978): *The Theory of Economic Policy. In english classical political economy*. 2. Edition, Macmillan: London, Basingstoke.

Rolle, Robert (2005): *Homo oeconomicus –Wirtschaftsanthropologie in philosophischer Perspektive*, Königshausen & Neumann GmbH: Würzburg.

Rüstow, Alexander (2001): *Das Versagen des Wirtschaftsliberalismus*, Hrsg.: Frank P. Maier-Rigaud/Gerhard Maier-Rigaud, Metropolis Verlag: Marburg, 3. überarb. Aufl., S. 19-200.

Rüstow, Alexander (2004): *Die Religion der Marktwirtschaft*, LIT-Verlag: Münster, 2.Aufl.

Schmölders, Günter (1982): Wirtschaftswissenschaft III: Theorienbildung in der Volkswirtschaftslehre, Geschichte, in: Willi Albers et al., *Handwörterbuch der Wirtschaftswissenschaft*: (HdWW) Bd.9, Gustav Fischer: Stuttgart/ New York, J.C.B. Mohr: Tübingen, Vandenhoeck & Ruprecht: Göttingen/Zürich.

Schumpeter, Joseph A.(1965): *Geschichte der ökonomischen Analyse*, Erster Teilband Vandenhoeck & Ruprecht: Göttingen.

Schwedt, Georg (2009): *Goethe – Der Manager*, Wiley-VCH Verlag GmbH & Co. KGaA: Weinheim.

Sell, Axel (2003): *Einführung in die internationalen Wirtschaftsbeziehungen*, R. Oldenbourg Verlag: München/Wien, 2. Auflage.

Senf, Bernd (2007): *Die blinden Flecken der Ökonomie - Wirtschaftstheorien in der Krise,* Gauke GmbH-Verlag für Sozialökonomie: Kiel, 4. Aufl.

Smith, Adam (1869): *An Inquiry into the Nature and Causes of the Wealth of Nations,* Volume 2, Clarendon Press: Oxford.

Smith, Adam (1974):*Der Wohlstand der Nationen - Eine Untersuchung seiner Natur und seiner Ursachen,* Hrsg.: Horst Claus Recktenwald, Verlag C.H. Beck: München.

Smith, Adam (1977): *Theorie der ethischen Gefühle,* Hrsg.: Walther Eckstein, Felix Meiner Verlag: Hamburg, 2.Aufl.

Smith, Adam (1978): *Lectures On Jurisprudence,* ed. R. L. Meek, D. D. Raphael and P. G. Stein, vol. V of the Glasgow Edition of the Works and Correspondence of Adam Smith, Oxford University Press: Oxford. „Early Draft of The Wealth of Nations, Chap. 2.: Of the nature and causes of public opulence.

Spann, Othmar (1949): *Die Haupttheorien der Volkswirtschaftslehre, auf lehrgeschichtlicher Grundlage,* Quelle und Meyer GmbH: Heidelberg.

Sturn, Richard (2008): Adam Smith, Hrsg.: Heinz D. Kurz, *Klassiker des ökonomischen Denkens,* Bd.1, Verlag C.H. Beck oHG: München, S. 68-88.

Veerkamp, Ton (2005): *Der Gott der Liberalen -Eine Kritik des Liberalismus,* Argument Verlag: Hamburg.

Verheugen, Günter (1986): Lexikon des Sozialismus, Bund-Verlag GmbH, Köln.

Viner, Jacob (1971): Adam Smith, in: Hrsg.: Horst Claus Recktenwald, *Geschichte der politischen Ökonomie -Eine Einführung in Lebensbildern,* Alfred Kröner Verlag: Stuttgart, S.73-88.

Weitz, Bernd O. (2008): *Bedeutende Ökonomen,* R. Oldenbourg Verlag: München/Wien.

Wildmann, Lothar (2007): *Wirtschaftspolitik - Module der Volkswirtschaftslehre, 3. Bd.*, R. Oldenbourg Verlag: München.

Ziegler, Bernd (1998): *Geschichte des ökonomischen Denkens - Paradigmenwechsel in der Volkswirtschaftslehre*, R. Oldenbourg Verlag: München/Wien.

Zitzelsberger, Gerd (2009):Der rechte Ort, um über Freiheit zu sinnieren, in: Hrsg.: Marc Beise/Ulrich Schäfer, *Kapitalismus in der Krise*, Süddeutsche Zeitung Edition: München S. 58-61.

Zudeick, Peter (2009): *Tschüss, ihr da oben –Vom baldigen Ende des Kapitalismus*, Westend Verlag: Frankfurt/M.

Lexika/Nachschlagewerke

Brockhaus Enzyklopädie (2006): 21. Auflage, F.A. *Brockhaus* GmbH: Leipzig; Bibliographisches Institut & F.A. *Brockhaus* AG: Mannheim.

Gabler Wirtschaftslexikon (2004) 16. Aufl., Betriebswirtschaftlicher Verlag Dr. Th. Gabler/GWV Fachverlage GmbH: Wiesbaden.

Gabler Wirtschaftslexikon (1992) 13. Aufl., Betriebswirtschaftlicher Verlag Dr. Th. Gabler: Wiesbaden.

Internet

Deutscher Bundestag Drucksache 16/10311: Antrag der FDP-Fraktion:
Globalen Freihandel stärken - Protektionismus bekämpfen
http://dip21.bundestag.de/dip21/btd/16/103/1610311.pdf.

Freiburger Thesen, FDP-Programm 1971
http://www.freiheit.org/files/288/1971_Freiburger_Thesen.pdf (S. 6).

DGB-Mindestlohn
www.spiegel.de/politik/deutschland/0,1518,679257,00.html.

Informationen zur Grundsicherung im Alter und bei Erwerbsminderung:
www.berlin.de/ba-charlottenburg-wilmersdorf/org/soziales/grundsicherung.html.

Entwurf eines Gesetzes zur Abschaffung der Benachteiligung von privat versicherten Bezieherinnen und Beziehern von Arbeitslosengeld II: http://dipbt.bundestag.de/dip21/btd/17/005/1700548.pdf.

Presse/Zeitungen

Kläsgen, Michael (2010): Sarkozys neuer Klang, in: *Süddeutsche Zeitung* 06./07. Februar 2010.

Zank, Wolfgang (1993): Freiheit und Sozialismus, in: *DIE ZEIT 32/1993*, 06. August 1993.

Personenverzeichnis

A

Altvater, Elmar 20, 57

B

Bastiat, Frédéric 43, 74
Bentham, Jeremy 85f., 88
von Bismarck, Otto 74, 100
Bright, John 27, 73

C

Cantillon, Richard 33, 39f., 50
Cobden, Richard 27, 43, 73
de Condorcet, Antoine 26

D

Dunoyer, Barthélemy Charles 43

E

Emmanuel, Arghiri 69

F

Flach, Karl-Hermann 21, 29, 80, 99f.
Friedman, Milton 28, 59

G

Galbraith, John Kenneth 18, 20
Gossen, Hermann Heinrich 43

H

Heraklit von Ephesos 42
Hobbes, Thomas 30
Hochhuth, Rolf 74, 100
Hume, David 30, 32
Hutcheson, Francis 85

K
Kant, Immanuel 32, 46, 85
Kisker, Klaus Peter 88f.
Kromphardt, Jürgen 20
Kurz, Robert 19, 29f.

L
Lassalle, Ferdinand 77, 95, 107
List, Friedrich 67, 69
Locke, John 30–32

M
Maihofer, Werner 99
Malthus, Thomas 26, 43, 55f., 64, 66, 86
Marx, Karl 26, 40, 43, 63, 65, 79, 90, 93–95
Menger, Carl 37
Mill, James bzw. Vater (von J. St. Mill) 83, 85–88
von Mises, Ludwig 20f., 95
de Montchrétien, Antoine 26

N
Naumann, Friedrich 29, 99

O

Barack Obama 106

P
Pareto, Vilfredo 39
Peel, Robert 59
Petty, William 26, 33, 39f.
Prince-Smith, John 43, 74
von Pufendorf, Samuel 32

Q
Quesnay, François 26, 31, 35, 47

R
Richter, Eugen 74
Rousseau, Jean-Jacques 26
Robert, Sir Keith 71
Rüstow, Alexander 43, 76, 80

S
de Saint-Simon, Henri de 95
Sarkozy, Nicolas 91
Say, Jean-Baptiste 26, 43, 80
Schäuble, Wolfgang 100
Scheel, Walter 99
Schumpeter, Joseph Alois 94
Sieyès, Emmanuel Joseph 26
de Spinoza, Baruch 42
Stewart, Dugald 30
Stiglitz, Joseph 91

T
Taylor, Harriet 94f.
Thatcher, Margaret 71, 98
von Thünen, Johann Heinrich 43
Torrens, Robert 66
Turgot, Anne Robert 26, 47, 64

V
Verheugen, Günter 29

Z
Wolfgang Zank 93, 95–97

Sachverzeichnis

A

Absolutismus (absolutistisch) 29 -31, 34, 78, 81
Adam-Smith-Problem 12, 26, 43f., 48, 105
Akkumulation (Kapital-) 36, 38, 41, 52, 57, 62, 81, 93
Arbeitsleid 37
Arbeitslosengeld 100f.
Arbeitsteilung 21, 36–38, 66, 68, 73
Arbeitswert-(Lehre/Theorie) 33, 36f., 60–62
Armengesetze (Grundsicherung) 56, 79, 100f.

B

Banking-Schule 58
Bevölkerungswachstum (-zunahme,-vermehrung) 55, 64–66, 91
Bodenrente (Grundrente, Rente) 49, 58, 62, 64–66, 79, 87f.

C

Chicagoer Schule 28
Currency-Schule 58

D

Deismus 42
Deregulierung 11, 28
Dritter Weg 96

E

Erbschaft-(Steuer) (Besteuerung von Erbschaften) 88f., 93, 103
Existenzminimum 41, 56, 59, 66, 84, 87

F

Fabian-Society 29
FDP 21, 29, 72f., 80, 99
Freiburger Schule 27f.
Freiburger Thesen 99f.
Freihandels-(Politik) 12, 27, 55, 64, 66, 68f., 71–74, 81, 103

G
Geldtheorie, quantitative (Quantitätstheorie) 58f.
Genossenschaft(-lich) 90, 93, 103
Gewerkschaft (Arbeitnehmervertretung) 51, 69, 87, 101
Grenznutzen- 37, 64
Grundsteuer 88

H
Harmonie-(Lehre) 23f., 30f., 56, 74
Homo oeconomicus 39, 43, 46

I
Industrialisierung (Industrielle Revolution) 17, 33, 81
Inflation 52, 58f.
„invisible hand" (unsichtbare Hand) 36, 39, 42, 44f., 85, 105

K
Kapitalismus (Kapitalist) 18–22, 29, 49f., 65, 75, 80f., 87, 90, 92–94, 96, 107
Kategorischer Imperativ 46
Klassische Politische Ökonomie (siehe Politische Ökonomie)
Kommunismus (kommunistisch) 18, 74, 90, 92f.
Kopfsteuer 71
Kostenvorteile, Theorem der 68
- absolute(n) 38, 67f., 72f.
- komparative(n) 38, 58, 66, 69, 72f.

L
Laissez-faire(-...) 11, 35, 42, 44, 47f. 52, 69, 71, 74–76, 96
Laissez-faire-Liberalismus 11f., 25, 27f., 43, 48, 51, 70f., 73, 75f., 78, 81, 106f.
Laissez-faire-Ökonomie / -Wirtschaft 42, 48, 75
Liberalisierung 11, 28
Lohnfonds-(Theorie) 41, 55, 87

M
Manchester-(Liberalismus) 12, 25, 27, 71, 73f., 96, 107
Marktwirtschaft 11, 17–22, 75f., 98
Merkantilismus 31, 34f., 78
Methuen-Vertrag 66f.
Mindestlohn 50, 56, 101f.
Monopol 35, 50f., 67, 75, 102
Mont-Pèlerin-Gesellschaft 28

N
Nachtwächter-Staat 27, 43, 77
Naturrecht 25, 30f., 52
Naturzustand 29, 32
Neoklassik(er) 39, 46, 64, 90
Neoliberalismus (neoliberal) 11f., 25, 27f., 42f., 59, 97f., 106f.

O
Österreichische Schule 21, 28
Ordo-(Liberalismus) 25, 27f.

P
Paläoliberalismus 76
Paradigma, klassisch liberal 36, 37, 39, 76
Peel'sche Bankakte 59
Physiokraten (Physiokratie) 25f., 30f., 34f., 46f.
Politische Ökonomie 11f., 21, 26, 33f., 38, 55, 57, 70, 84, 86, 98
Privatisierung 11, 28
Produktionstheorie 84, 86
Profitrate 55, 57, 64f.

R
"Recht auf Arbeit" 100
Ricardo-Barro-Äquivalenztheorem 60

S
Sozialismus (sozialistisch) 12f., 20, 22–24, 74, 77, 83, 91–98, 106
Sozialutopie 84, 89, 92, 98
Steuer-(...) 11, 35, 40, 50, 53, 59f., 71, 74, 87–89, 93, 97, 102f.
Steuertarif
- progressiv 88
- proportional (flat tax) 88, 102
Stoiker (Stoizismus) 42f., 105
Subsistenzlohntheorie 39, 41
Sympathie (sympathy) 44, 46, 48

T
Taoismus (Daoismus) 42
TINA-Prinzip 98

U
Utilitarismus 83–86

V
Vermögensteuer 59, 103
Verteilung (Einkommen, Vermögen,...) 33, 38, 45, 57f., 65, 76, 81, 86, 91, 96, 98, 105f.
Verteilungstheorie 33, 84, 87f., 92
Vulgärökonomie 26

W
Wachstum 23, 57, 90f.
Wert 33, 36f., 40, 60–63, 66f., 89f.
-Gebrauchswert 36f., 61, 89
-Tauschwert 36f., 61–63
Wert-Paradoxon (Wasser-Diamanten-Paradoxon) 37, 61
Werttheorie 39, 55, 58, 60f., 66, 84, 89f.
-objektiv (Wert) 37, 60, 63, 89f.
-subjektiv (Wert) 37, 64, 90

Z
Zoll (Zölle) 57, 64, 66f., 69, 73f., 96

FSC
www.fsc.org
MIX
Papier | Fördert
gute Waldnutzung
FSC® C083411

Kolibri 360 GmbH
Ferdinand-Jühlke-Straße 7
99095 Erfurt, Deutschland
produktsicherheit@kolibri360.de